METRO

走近轨道交通科普系列丛书

你不知道的地铁文化

张中杰 主编

陈锦剑 朱观华 副主编

同济大学出版社 · 上海

图书在版编目（CIP）数据

你不知道的地铁文化 / 张中杰主编. — 上海：同济大学出版社，2022.11

（走近轨道交通科普系列丛书）

ISBN 978-7-5765-0464-4

Ⅰ. ①你… Ⅱ. ①张… Ⅲ. ①地下铁道车站－文化－中国－青少年读物 Ⅳ. ①U231.4-49

中国版本图书馆 CIP 数据核字（2022）第 211476 号

走近轨道交通科普系列丛书

你不知道的地铁文化

张中杰 主编

陈锦剑 朱观华 副主编

策划编辑 陆克丽霞 责任编辑 胡晗欣
责任校对 徐春莲 装帧设计 潘向蓁 王 翔

出版发行 同济大学出版社 www.tongjipress.com.cn
（地址：上海市四平路 1239 号 邮编：200092 电话：021-65985622）

经 销 全国各地新华书店

印 刷 上海安枫印务有限公司

开 本 710mm × 1000mm 1/16

印 张 8

字 数 160 000

版 次 2022 年 11 月第 1 版

印 次 2022 年 11 月第 1 次印刷

书 号 ISBN 978-7-5765-0464-4

定 价 58.00 元

走近轨道交通科普系列丛书编委会

主　　　编：张中杰

副　主　编：陈锦剑　朱观华

编委会成员：王浩然　陈　希　姚　幸　沈继强

刘苗苗　金建飞　郭伟华　王君如

李明广　吕培林　邵雪莹　廖晨聪

吴　航　张栩衡　陈　晨　秦　舒

张劲松　刘士煜　龚珍妮　吕圣华

全英格尔　严　妍

总 序

城市轨道交通作为一种绿色低碳的城市交通系统，是目前解决我国城市交通问题和大气污染问题的最佳方式。早在 20 世纪 90 年代末，国内就已掀起了城市轨道交通建设的热潮，并且范围越来越广。随着城市轨道交通建设如火如荼地进行，城市轨道交通科技也在蓬勃发展。土建、车辆、供电、通信、信号、综合监控、机电设备及消防系统等与城市轨道交通相关专业的技术成果丰硕。城市轨道交通成为支撑、引领经济快速发展和推动社会进步的新引擎。因此，推动轨道交通领域的科技进步与创新、促进先进技术的更新与应用、提高群体科学素养就显得尤为重要。

“走近轨道交通科普系列丛书”正是从广大市民的角度出发，围绕大家关心的问题，以“一问一答”的形式，深入浅出地介绍城市轨道交通科学知识及安全出行要点。本套丛书语言通俗易懂、叙述生动有趣，地铁源于“查尔斯·皮尔逊与老鼠的一次历史性的‘会面’”“地铁车辆每节车厢下面都‘别有洞天’”“你可以想象列车凭借一根钢轨悬挂在半空中”……这些阐述均来自本套丛书，相信一定能够激发读者对轨道交通的浓厚兴趣，为他们打开一扇了解轨道交通的窗口。

本套丛书的编者中有活跃在轨道交通设计研究工作第一线的青年科技骨干，也有活跃在教育领域第一线的青年教师。他们在总结实践经验的基础上，碰撞思维、跨界交流、精心甄选，为读者描绘出一幅幅轨道交通的知识画卷，带领大家感受轨道交通前沿科技的魅力。同时，本套丛书还有助于拉近读者与轨道交通专业工作者之间的距离，让读者能够理解城市轨道交通建设中必不可少的“阵痛”，学习轨道交通突发事件的正确应对方式，从而更好地融入新时代城市数字化转型的进程，进一步认可、接受并选择绿色低碳出行，助力国家实现“双碳”目标。

全国勘察设计大师 周良

2021 年 12 月

丛书前言

城市轨道交通是人们出行的重要交通工具。相比于城市道路和桥梁，轨道交通是一个较新的领域，因此不易被青少年及广大市民所了解。在日常搭乘轨道交通的过程中，有时人们会像历史学家，关心地铁发明者是谁、地铁的出生地在哪；有时人们像设计师，关心地铁是如何穿越江河、如何“掉头”的；有时人们又像文化学者，关心地铁线路颜色背后的故事、有轨电车的艺术长廊……

于是，城市轨道交通仿佛变成了一个个问号：这是什么？那是什么？为什么会这样？为什么会那样？……怎样才能方便又贴心地满足大家无穷无尽的好奇心和求知欲呢？“走近轨道交通科普系列丛书”就是一个不错的选择，可以帮助大家解决不少的疑问。

本套丛书共十册，分别为《你不知道的地铁历史》《你不知道的地铁设计》《你不知道的地铁建设》《你不知道的地铁运营》《你不知道的地铁文化》《你不知道的轨道交通》《走近有轨电车——趣谈篇》《走近有轨电车——设计篇》《走近有轨电车——建造篇》《走近有轨电车——运营篇》。本套丛书以地铁、有轨电车及其他轨道交通为主题进行编排，从历史、设计、建造、运营、文化等角度进行阐述，内容丰富、涉及面广，语言简洁易懂、生动有趣，不仅可以最大限度地满足读者对轨道交通知识的需求，而且还能让读者充分理解城市轨道交通建设的艰辛与不易。

本套丛书融入了编者们在这一领域多年的积累，所包含的条目都经过编者们的精心挑选和甄别，向广大读者描绘了近200年城市轨道交通的绿色发展历程。希望借此能加深读者对我国“碳达峰与碳中和”目标的理解，引导绿色低碳出行。同时，本套丛书还展现了当今城市轨道交通涉及的各种前沿技术，让读者能深刻地感受到数字化带来的科技与便利，赋能数字化实践，助力城市数字化转型。

本套丛书得到了上海市科学技术委员会科普专项项目资助，也得到了上海市城市建设设计研究总院（集团）有限公司、上海中学、上海交通大学、同济大学出版社、中铁五局集团有限公司等单位的支持，在此表示衷心的感谢!

本套丛书中的少量图片来自网络，无法联系到图片版权所有者，我们在图片下方均已标明图片来源，若有相关事宜需要处理请与我们联系。

由于编者们的工程经历及学术水平有限，书中疏漏及不当之处在所难免，敬请广大读者不吝指正。

本书编委会
2021年12月

目 录

1 你探寻过党的诞生地的故事吗

1921 年 7 月，一批教师、学生模样的青年人，以北京大学师生暑期旅行团的名义，陆续抵沪。他们暂住在位于太仓路 127 号的博文女校，在这里召开预备会议、草拟文件、开展讨论，为“开天辟地的大事变”做着准备。

1921 年 7 月 23 日晚，茫茫夜色笼罩着上海街头。这个晚上，对于许多市民而言不过是一个平常的夏夜，但对中国历史来说却有着深远意义——中共一大在法租界望志路 106 号（今兴业路 76 号）正式召开。这里是中国共产党梦想启航的地方。大会通过了党的第一个纲领和第一份决议，选举了中央局领导机构，中国共产党正式成立。

2021 年 6 月，地铁站“黄陂南路站”更名为“一大会址 · 黄陂南路站”，“新天地站”更名为“一大会址 · 新天地站”。

百年后的今天，我们搭乘“魔都”交通，探访党诞生的地方，追

中共一大会址展馆

寻“红色基因”的足迹，一起来到中共一大会址，共同感受中国共产党成立的伟大历史意义，感受人民城市赓续至今的红色血脉。

上海地铁着力将一大会址·新天地站打造成为迎接建党百年的重点主题车站。一大会址·新天地站1号口与6号口之间的通道内，“上海·党的诞生地”主题文化长廊承载了核心内容，长廊首尾是不规则“基石”造型，石材肌理讲述着历史的厚重感，整条长廊展示了一大、

1号线黄陂南路更名为“一大会址·黄陂南路”

10号线一大会址·新天地站“上海·党的诞生地”主题文化长廊

“曙光” 长廊

一大会址 · 黄陂南路站站厅

二大、四大纪念馆等地铁沿线 19 家市级爱国主义教育基地，按照地铁线路顺序编排，用主题背景 + 灯箱 + 液晶屏的形式全新包装，凸显这些红色基地在中国革命史上的特殊地位。

黄陂南路站也进行了精心布置。从 1 号线一大会址 · 黄陂南路站的 2 号口进入车站，四幅大型的红色灯箱广告尤为醒目，这是上海地铁为庆祝中国共产党成立 100 周年所特别制作的。新修建的 1 号线与 14 号线换乘通道两旁，还布置了名为“曙光”的沉浸式艺术装置，意为中国共产党的诞生仿佛一道曙光划破夜空，在东方闪烁。装置采用了石库门、梧桐树等上海特色元素，并应用灯光模拟阳光照射的效果，打造了一条地下“林荫大道”。

通过这两个站点前往不远处近期翻修完善的一大会址展馆，还能回顾过往的峥嵘岁月，了解党诞生背后的故事，体会中国命运的坎坷艰辛，了解中国共产党带领全国人民矢志奋斗，努力建设国家的光辉历程。

徜徉在一大会址 · 黄陂南路站和一大会址 · 新天地站的车站中，眼前之景带着人们的思绪回到过去。在这里，我们向革命先辈们表示崇高的敬意，我们永远怀念他们、牢记他们，传承好他们的红色基因。让信仰之火熊熊不熄，让红色基因融入血脉，让红色精神激发力量。

2 你知道搭乘地铁可以探访哪些伟人的足迹吗

大时代的英雄际会，汇成民族独立、人民解放和国家富强的征程。时逢建党百年的今天，我们搭乘“魔都”地铁，走进峥嵘岁月，传承红色基因，寻访伟人们的革命足迹。

“永远跟党走”红色文化进地铁系列活动中，上海地铁还特别制作了一张红色文化地铁地图，将四通八达的地铁线路与红色文化相结合，很好地展现了这个城市的记忆。地图穿梭百年时光，串联起“三馆五址”、毛泽东旧居陈列馆、李白烈士故居及国歌展示馆等上海的25个红色地标。手绘风格的场馆趣味盎然，场馆周边标识的地铁站也方便

10号线交通大学站不远处的宋庆龄故居

毛泽东同志的甲秀里旧居

市民寻找、探访红色印记。2021 年 6 月 8 日起，很多乘客已经在各大地铁站收到这份免费地图了。

我们首先来到毛泽东旧居。毛泽东同志一生多次来过上海，位于甲秀里的旧居是他在上海居住时间最长的居所，也是他和杨开慧同志一起开展革命运动的场所。上海地铁 2 号线南京西路站 4 号口，12 号线南京西路站 12 号口，13 号线南京西路站 8 号口出来不远处，就可以看见毛泽东旧居陈列馆。陈列馆位于上海市静安区茂名北路 120 号，建筑本体于 2017 年进行了风貌还原，运用传统建造工艺与材质，复原了弄堂、门头、山花、砖线、勒脚和窗格等室外场景与室内细部，里面还陈列了毛泽东、杨开慧和毛岸英的珍贵实物史料。

从上海地铁 10 号线一大会址 · 新天地站 6 号口与 13 号线淮海中路站 1 号口出来，则可以看见上海孙中山故居纪念馆，这里是酝酿第一次国共合作的地方。上海孙中山故居纪念馆主要包括孙中山故居和孙中山文物馆两个展示场所。其中孙中山故居是一栋欧洲乡村式小洋楼，孙中山与夫人宋庆龄于1918年入住于此，1925年3月孙中山先生逝世后，宋庆龄继续在此居住至1937年。故居内的家具绝大多数为原物原件，并按宋庆龄的回忆布置。1961年该故居被国务院列为首批全国重点文物保护单位。

再从上海地铁10号线、11号线交通大学站的1号口出来，可以探访宋庆龄故居，这里承载着宋庆龄对家的记忆，更承载着她对国的情怀。从上海地铁10号线、13号线一大会址·新天地站5号口出来，我们可以探访中国共产党代表团驻沪办事处纪念馆（周公馆），这是抗日战争胜利后国共南京谈判期间，中国共产党代表团在上海设立的办事机构。周恩来、董必武等在这里进行革命活动，促进了爱国民主统一战线的形成，为中国人民的解放事业做出了积极贡献，在中国革命史上写下了光辉的一页。

虽然这只是一张地图，但千万不要小看它，它开启了“红色文化之旅”，让市民、游客在红色文化中旅行，回顾革命历史、不忘初心，心有所依、情有所归，在旅行中学习、传承、弘扬红色文化。

3 你知道上海地铁如何庆祝建党百年吗

"没有共产党，就没有新中国……"1921 年，伟大的中国共产党诞生了！这是中国历史上开天辟地的大事件，自此，中国发展就有了前进方向，中国人民就有了强大领导力量，中国革命就有了光明前景。使中国摆脱"国家蒙辱、人民蒙难、文明蒙尘"的悲惨命运，逐步走上了繁荣富强的道路。

2021 年，是建党 100 周年。百年征程波澜壮阔，百年初心历久弥坚。作为中国共产党的诞生地，为了庆祝建党 100 周年，上海地铁举办了"永远跟党走"红色文化进地铁系列活动。

上海地铁发布了"庆祝中国共产党成立 100 周年"地铁主题纪念票卡、《"初心驶发地铁行"上海地铁红色文化地图》，并启动开行 1 号线、2 号线、4 号线"百年号"红色主题列车。上海地铁通过打造红色文化主题车站、建设地铁公共文化长廊、开展红色文化地铁报站、设计红色文化地铁游线路及开行红色文化地铁专列等，将红色文化引入地铁公共空间。

人民广场站，三线换乘大厅格外庄严，中央展台上矗立着三幅一组的"热烈庆祝中国共产党成立 100 周年"主题画面，数百株向日葵簇拥其间、团团围绕，外圈是"发展为了人民、发展依靠人民、发展成果由人民共享"的白色亚克力标语牌。天光从透明的白玉兰穹顶洒落在盛放的向日葵间，过往的乘客纷纷拍照留念。

红色主题列车的选择也颇有讲究，上海地铁 1 号线、2 号线、4 号线分别行经中共一大纪念馆、二大会址纪念馆和四大纪念馆。为进一步展示这三处红色地标，中共上海市委宣传部与上海地铁合作，在 1 号线、2 号线、4 号线各选取一列地铁列车，打造"百年号"红色主题专列，让乘客们感受红色文化氛围。

如果幸运地搭乘上红色专列，就可以看到整个车厢内部装饰一新，所有的扶手上都有红色标语。车厢内部车窗、广告位等都张贴了关于一大会址等红色景点的海报。车厢内醒目的中国红，让乘客们感受到强烈的红色氛围，激发出浓厚的家国情怀和真挚的爱国热情。很多乘客拿起手机，拍照、拍视频，留下精彩瞬间。

走过百年，中国共产党风华正茂。新的百年，我们听党话、感党恩、跟党走，同心向党，奔赴远方。

人民广场地铁站中庭白玉兰穹顶

4 你见过如童话世界一般的地铁站吗

2016年，上海迪士尼乐园正式开园。同年，地铁11号线迪士尼站开通。这个消息让中国的小朋友和大朋友们都高兴坏了，迪士尼站点的地铁设计师们也绝对不让大家失望。上海迪士尼乐园是大家的梦想乐园，那么开启“属于你的梦幻之旅”的迪士尼地铁站，是什么样的呢？

矗立在迪士尼乐园的东南角，11号线迪士尼站设计为浅埋式、屋顶全绿化覆盖的建筑形象，车站与周边环境融为一体。为了打造“属于你的梦幻之旅”的风格主题，站厅层中部设计了近千平方米的大天窗，白天引入自然光以节约能源，晚上配合主题照明营造出一座梦幻、时尚、科技感十足的主题地铁站。车站建筑的外立面还采用门钉等中

11号线迪士尼站内部

11 号线迪士尼站内景

11 号线迪士尼站建筑外立面

国传统的城门与城墙元素，整体看起来像是“展翅翼龙”，造型优美。

站台、屏蔽门、站名墙以及上行的扶梯上有5个迪士尼角色，乘客站在站台上还能感受到东方明珠、环球金融中心及金茂大厦等浓浓的上海元素。进入站厅后，还可以看到米奇、米妮的三维立体组合，栩栩如生的卡通人物欢迎游客的到来，将他们从黑白的站台空间带至彩色的站厅。大厅的糖果色立柱五彩缤纷，把大家的童心瞬间唤醒。仔细观察，你还会发现这其中蕴涵了迪士尼自身历史的演变。

不但车站站厅的设计十分可爱，而且迪士尼线的车辆也与其他地铁线路不同。运气好的乘客，还能乘到萌萌的迪士尼主题列车，一路都能感受到迪士尼欢乐的氛围。迪士尼站将原汁原味的可爱卡通迪士尼风格与上海的本土风情结合起来，时刻向世界传递中国文化及海派文化。

5 你见过原始野趣的地铁站吗

大家知道上海地铁最快能跑多快吗？因为上海的两个地铁站之间的距离有长有短，地铁车辆总是在走走停停，所以实际上地铁速度并不是很快，一般设计速度也就 30 km/h。除了磁浮线，16 号线就是上海跑得最快的地铁线路了。

那你们知道动物最快能跑多快吗？猎豹是陆地上跑得最快的动物，其奔跑速度可以达到 110 km/h，这可比我们一般的地铁快多了！上海地铁有这样一个车站，把主角光环让给了可爱的动物们，车站内原始野趣，别开生面，你知道这是哪个车站吗？

那就是上海动物园站！

上海动物园站位于上海长宁区虹桥路上海动物园门前，是上海地铁 10 号线的地下车站。整个车站站厅布置得宛若一个卡通动物展，让每个来动物园游玩的孩子都可以感受到勃勃生机。站厅内还涂装有用板丝网印刷的壁画，展现了生动的动物剪影：墙面上的长颈鹿、斑马，

10 号线上海动物园站的壁画

10 号线上海动物园站的动物元素

柱子上的老虎、狮子，栏杆扶手上成群的大象……动物元素几乎布满了地铁站的每一个角落，与站点名相互呼应。

大家都听说过“一山容不得二虎”，那雄赳赳气昂昂的非洲狮会不会“一处难容二狮”？你会分辨雄狮和雌狮吗？一个狮子又有多少家庭成员呢？如果喜欢与动物们近距离接触的你，想要探索更多神奇动物的秘密，那就搭乘地铁 10 号线来上海动物园站进一步探寻吧！

6 你见到过像“蝴蝶魔法森林”一样神秘的地铁站吗

“蝴蝶 / 那春天最初的蝴蝶 / 橘黄而紫红 / 轻快飞过我的路 / 一朵飞翔的花 / 改变着日子的颜色。”人们站在拥挤而摇晃的车厢里，一手拽吊环，一手提包。在人头的缝隙里环顾车厢壁上的广告，便可读到这首小诗。可以确信，那一天的这一段时间里，这首小诗将改变你平淡无奇的日子的颜色。

有一群彩色的蝴蝶，总是轻快地飞过人们匆忙经过的地下道路，目送人群来来往往，你见过这群飞入地铁的蝴蝶吗？

地铁设计师们在上海地铁 12 号线汉中路站上，因地制宜，结合车站结构，以围绕换乘大厅 140 m 长的核心筒和 5 根邻近的结构斜柱，开

12 号线汉中路站

汉中路站“地下蝴蝶魔法森林”主题装饰设计

乘客穿梭在“地下蝴蝶魔法森林“中

辟出一片独特的“地下蝴蝶魔法森林”。地下换乘大厅寓意为“地下森林”，5根结构斜柱被设计为5道形似“丁达尔现象”的“阳光”，从地面“引入”温暖的光感；从中国蝴蝶中选定了4种具有代表性、体态优美的凤蝶、蛱蝶、绢蝶和斑蝶，代表上海地铁4个蜕变发展的过程。配以光电数码技术，2015只形态各异的3D（三维）打印蝴蝶围绕核心筒翩翩起舞，变幻着赤、橙、黄、绿、青、蓝、紫等18种颜色，如魔法般围绕核心筒的轨迹飞散而开并“围绕”在乘客的周围。

汉中路站是地铁1号线、12号线、13号线三线换乘的枢纽大站，通过打造“地下蝴蝶魔法森林”，为换乘之路增添梦幻色彩，大幅提升人们的出行体验。

人们走出地铁，看见阳光温暖地洒下，听见叶子掉落的声音，感受到缓慢而愉快的节奏——正是这些美丽的蝴蝶在潜移默化间感染着行色匆匆的城市人。

7 你见过游入地铁车站的“大白鲸”吗

白鲸是一种生活于北极地区海域的鲸类动物，通体雪白，生性温和，现存数量约10万头，十分珍稀。因为人们在海上游玩时，经常会受到它们热烈的欢迎，它们在水中载歌载舞，歌声悠扬动听，响彻百里以外，美妙悦耳的声音让人们惊叹不已，于是大家便亲切地送给它们一个美丽的称呼——“海洋中的金丝雀”。

上海地铁就有这么一个车站，将大白鲸请到了车站大厅，使得来到这个车站的人们在陆地上也能看到大白鲸的身影。别出心裁的设计风格让孩子们流连忘返，你知道这是哪个车站吗？

那就是13号线的自然博物馆站！

自然博物馆站位于上海静安雕塑公园内，由于车站紧邻自然博物馆，所以设计师们特意将车站装饰得神秘而新奇。犹如广阔无垠的大自

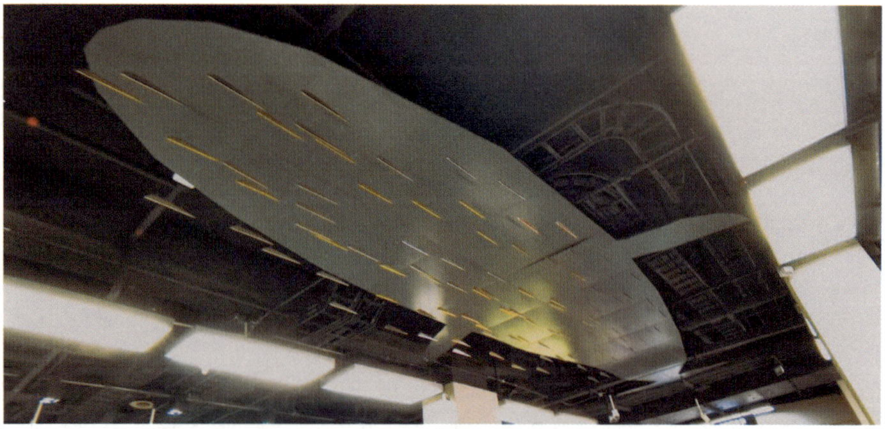

13号线自然博物馆站的“大白鲸”

13 号线自然博物馆站内部装饰

13 号线自然博物馆站马赛克镶嵌画

然引起人们的好奇心。进入站厅，墙面上白色的花岗岩，造型凹凸有致，抬头可见巨大的白鲸，白鲸底下挂上抽象的小鱼群作为装饰，体现出了鱼群在海底快速穿梭的灵动感；而站台上溶洞、恐龙骨架等抽象设计，也让人感觉十分与众不同。有着强烈设计感的墙面以及墙面线条引导着人们，犹如时光穿梭，让人们提前浸润在自然的无垠和广阔之中，生发出对于自然的好奇和探索欲。

生命起源的一切看似巧合又像是注定，宇宙产生的元素形成了具有原始细胞结构的生命，生命经过不断进化、结合而走到今天，地球上留下了无数生命存在的痕迹。自然博物馆站可以带领大家一起来一次远古的回想，再沿着道路进入自然博物馆，见证地球历史的兴衰繁华。

8 你知道上海哪个地铁站最靠近财富中心吗

杜月笙这位赫赫有名的风云人物想必大家都很熟悉，当年的他可以说是20世纪上半叶上海滩最具传奇色彩的人物了。在巅峰时期，他简直可称得上富可敌国。在他生活的年代，上海就已经是一个非常发达的国际都市了。如今作为我国一线城市，上海经济发达程度放眼世界亦是名列前茅，那你知道，上海哪个地铁站最靠近财富中心吗？

答案就是：14号线的陆家嘴站。

在傍晚的时候乘坐地铁14号线到达陆家嘴站，一出站就到了东方明珠的脚下。夜色中的陆家嘴是上海最具魅力的地方，一条蜿蜒的观光人行天桥把陆家嘴的建筑群串连在一起，一幢幢数百米高的钢筋水泥巨型建筑拔地而起。抬头仰望，上海中心大厦、环球金融中心、金茂大厦和东方明珠等直冲云霄，摩天大楼上的星星点点，犹如夜空的繁星点缀，令人叹为观止。写字楼的玻璃幕墙变换着巨幅广告，酒店灯火通明，令人眼花缭乱。

缤纷的灯光映入黄浦江，在江面上形成五彩的斑斓，闪亮得让人

14号线陆家嘴地铁站内的换乘通道影像作品《今朝踏浪》

陆家嘴上海中心地下公共大街灯光设计

14 号线陆家嘴站内装饰

们迷乱眩晕，备受诱惑。看着这些绚丽的光晕变化无常，我们顿时能够明白，脚下的这座城市为什么会被称为“魔都”。

来到陆家嘴站，登上这片黄金海岸，看一看上海财富最为繁盛的地段，感受“魔都”独一无二的风采。

9 你知道上海地铁线路辈分最高的是哪条线吗

1950 年年初，结合当时社会状况以及苏联专家的提议，上海正式开启了修建地下铁道的征程。1965 年，在衡山公园地下开始试建第一座地铁站，同时又挖了两条 600 m 长的隧道连接到衡山路。1978 年，随着地铁 1 号线漕宝路车站试验段工程的开启，“一站一井一区间”工程才正式拉开帷幕。1994 年 12 月 12 日，上海第一条地下铁路——地铁 1 号线实现全线开通调试。上海地铁终于实现了零的突破，开始与世界接轨。

但是如果论辈分，上海地铁线路辈分最高的其实是 3 号线！中国最早正式营运的一条铁路叫做“淞沪铁路”，而上海地铁 3 号线是在淞沪铁路的旧址上建起来的。所以地铁 3 号线与我们中国铁路有着深远的关系，有着“老祖宗的基因”。

淞沪铁路上海江湾段于 1876 年 6 月 30 日竣工通车。岁月流逝，历史变迁。1997 年开始拆建淞沪铁路旧铁址，建造明珠线一期工程；2000 年 12 月 26 日，明珠线一期工程即上海地铁 3 号线通车试运营；2006 年 12 月 18 日，3 号线北延伸段（江湾镇—江杨北路）通车。

我们可以沿着 3 号线到大柏树站，参观附近的铁路主题公园，乘坐一下蒸汽机车及若干 22 型客车。大柏树站地铁区间北侧就是“淞沪铁路”残段以及江湾站旧址，可以来一次说走就走的“铁路之旅”。

身处闹市的老铁路

10 你见过没有柱子的车站吗

有人说，“上海给许多人提供实现梦想的机会，在上海这座城市里，只要你有梦想，一切皆有可能”。

上海由于其特殊的地理位置，它的地基其实并不适合建设地铁，业界形象地称上海的地铁建设为“豆腐里打洞”。但是，心怀梦想的有识之士通过共同努力，让上海成了全世界地铁运行公里数最长的城市。随着技术的不断进步，上海这块“豆腐”里，居然生出了上海地铁首例无柱的无遮拦大空间站台大厅，那就是地铁 15 号线的吴中路站。

设计师们在 15 号线的吴中路站站厅设计上做了创新，采用净跨达 21.6 m 的预制大跨叠合拱形结构，从而创造了新的奇迹。简单而直接地用穿孔铝板在站厅两侧塑造了层层叠叠的浦江两岸的城市景象。在这里，我们可以看到熟悉的地标建筑和对上海这个摩天楼之城的抽象表达。站厅两侧的城市景象沿着拱壁向上延伸，仿佛要合龙，而站厅两侧的镜面反射墙则把这个景观无限延展到远方，仿佛没有尽头。

为了最大限度地展现站厅大跨度拱形结构的美，设计师选择暴露结构的原始面目，不用吊顶覆盖，先利用预制结构件之间的缝隙将消防喷淋管嵌入其中，让它看上去像装饰线；再把拱顶泛光照明放在城市背景墙下的空隙中，从地面打亮天花；摄像头和逃生指示利用城市背景墙的结构龙骨侧装；最后把空调风口分成两部分，一部分在站厅尽端墙上以圆形喷口送风，另一部分风口结合进下站台的自动扶梯三侧栏板，形成了一个 U 形拉丝不锈钢通风矮墙。各种细节的装潢和消防栓的设计也费尽心思，各类设备设施隐藏于站厅中，与整体设计浑然一体又不至于影响其正常使用。

吴中路地铁站站厅就像是上海的客厅，站厅地面是黄浦江，它的两侧就是浦东和浦西壮观的城市景象，而站厅的两端反射出上海壮美

15 号线吴中路地铁站站厅

吴中路地铁站站厅天花上的线性 LED 灯带

的未来。上海的伟大既是城市的伟大，更是所有建设参与者的伟大，是每一个心怀梦想、付诸实践、勇于创新的人的伟大。

11 你发现陕西南路英文站名的秘密了吗

曾经有位德国作家这样说过：“上海是一座让你一下子就喜欢上的城市。看这里的灯光、灯光下的建筑，你就会说，上海比得上世界上任何一座现代化的城市。”众所周知，上海是一座包罗万象的国际化大都市，经济发达、文化浓厚、交通便利，无数海外友人都慕名而来，想要一览“魔都”的风采。于是，考虑到给外国友人搭乘提供便利，地铁站的站名采用了中英双语的方式，站内广播也是采用双语广播，体现出地铁服务的包容性与普适性。

如果你从陕西南路站的地铁中出来回头看到指示牌上的英文站名“South Shaanxi Road”，一定会觉得有点奇怪，工程师们难道出了这么低级的拼写错误吗？事实当然不是这样的，这个标志性的名称其实并不是一个错误，而是为了与山西的拼音“Shanxi”进行区分，经过慎重考虑使用的名称。

陕西南路站是一个三线换乘站，上海地铁 1 号线、10 号线、12 号

陕西南路地铁站站厅

陕西南路地铁站站牌

线都在这里设站，三者的站台成为一个“之”字形的结构，所以换乘路径相对比较长。设计师们在换乘通道设置了文化艺术走廊，这条长廊不仅是一个通道，也类似一个展览馆，非常有利于缓解乘客在换乘过程中的焦躁心理，加之乘客在艺术长廊中行走的速度相对比较慢，也极大地缓解了换乘压力。

没有发现站牌这个小秘密的朋友，下次经过陕西南路站可以留意一下哦！

12 你知道上海哪个地铁站最具有“中华之美”吗

“源远流长、博大精深的中华文化，是世界文化大花园中一朵璀璨的奇葩。文化的力量熔铸在中华民族的生命力、创造力和凝聚力中。”可以说，中华文化孕育了无数的艺术，蕴含在我们生活的方方面面。大家知道上海哪个地铁站最具有“中华之美”吗？

那就是8号线的中华艺术宫站！

中华艺术宫站，原名周家渡站。都说建筑是凝固的历史，尽管中国2010年上海世界博览会（简称为世博会、世博）已经落幕，但是中华艺术宫站将永远载入史册。

中华艺术宫站车站外观全部做成了大红色，设计装饰及灯柱都与中华艺术宫的氛围融为一体，车站在整体环境设计中还别具匠心地加入了花卉图案、民族音乐等元素。从出入口开始就呈现与中华艺术宫如出一辙的立柱浮雕，地铁站内更是展示了中华艺术宫浓浓的艺术之美。此外，在进站大厅还可以看到关于世博会的一些特色展览，找到曾经的世博印记。

想到前方就是世博期间要排队几个小时才能参观的中国馆，是不是有点迫不及待？除了中国馆，世博源也是年轻人约会购物的必去场所。世博源是由中国2010年上海世界博览会的永久建筑——世博轴改建而成的超广域型综合购物中心，世博源充分利用了世博会原有的设施设备，增设了大量景观亮点，如阳光谷、小火车、音乐喷泉和海景鱼缸等，为我们创造了全新的购物体验。

中华艺术宫站入口

从中华艺术宫站看中国馆

中华艺术宫站内部装饰

中华艺术宫站内顶部的 2010 上海世博会标志

中华艺术宫站内的标志

世博源（原世博轴改建而成）

13 你知道哪个地铁站默默记录了老上海人的生活吗

一提到上海，大多数人的脑海里浮现出的往往就是灯红酒绿、歌舞升平的 20 世纪 30 年代的上海滩。它仿佛霓虹灯一样色彩斑斓，又如咖啡般柔和典雅。有旗袍款款的摩登女郎，有弥漫着胭脂水粉味的百货商场，还有滔滔不绝的黄浦江水、欧式建筑、车水马龙。有人赞誉“只有 30 年代的老上海，才能够象征着品位、格调、优雅、浪漫、摩登、经典”。我们记得“十里洋场”“东方巴黎”，但其实“柴米油盐酱醋茶”才是上海老百姓朴实质感的日常。

那么，你知道是哪个车站，将老上海人旧时的生活一一记录了下来，留给了行色匆匆的都市人吗？

答案就是：豫园站。

豫园站是上海地铁 10 号线上的一个地下站，由于地处上海市最热

记录了老上海人生活的豫园站壁画

闹的市中心，附近有城隍庙、豫园及古城公园等。为了体现老上海的变迁与风情，豫园站特别设置了装饰壁画。这是由连环画泰斗贺友直老师以“老上海的360行”为题材描绘的“韵之风”，展现了老上海人的工作、生活以及现代休闲的和谐生活场景。老虎灶、大饼摊、小书摊、理发摊、估衣店、磨剪刀、卖衣料、卖肥皂、拉洋片，这些旧时普通百姓的老行当、民间的生活百态，通过壁画的形式让历史重现于乘客眼前，令更多来来往往的地铁乘客感受到老上海的文化风情。

豫园站中的装饰壁画，记录着老上海的传统风俗，也记录着我们当下活色生香的小日子。如果有机会路过这些壁画，不妨停下匆匆的脚步，细细品味一下，看看老上海人的生活方式，相信身在其中的你，也一定能感受到海派文化和新颖交通工具的跨界交融。

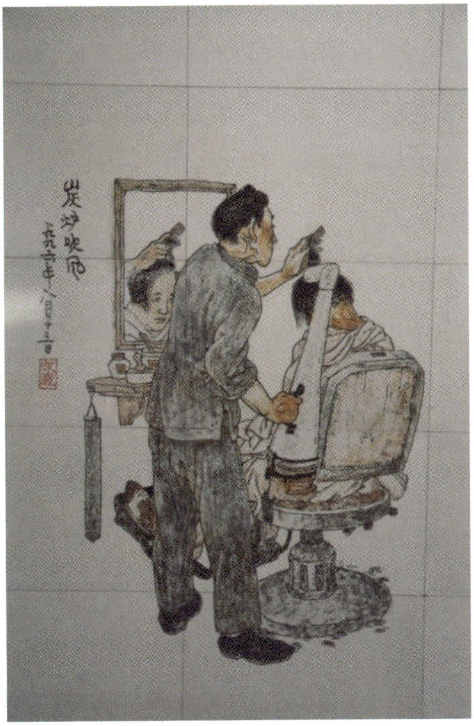

豫园站壁画近景

14 你见过“红、蓝、黄构图”的地铁车站吗

《红、蓝、黄构图》是由彼埃·蒙德里安于1930年所著，是蒙德里安及其荷兰“风格派”的绘画集。提到蒙德里安，我们马上会想到那些规格不同的矩形方格子，以及通过形状和色彩的动势平衡来表达“纯粹实在”的想法。我们在各种广告设计、家具、印刷品和建筑装潢，甚至服饰上都能看到红蓝黄构图。那么大家见过“红、蓝、黄构图”的地铁车站吗？

上海地铁的南京西路站就是这样一个车站。

南京西路站位于上海静安区南京西路石门一路，是上海地铁2号线、12号线、13号线的地下车站。本站原名“石门一路站”，为突出本站位于上海著名街道南京西路，于2006年10月经上海市地名管理办公室批准改为“南京西路站”。

到过上海的人都知道，繁华的南京路，霓虹灯下的夜上海美不胜收，这里独有风格的建筑群总能给你一种恍惚穿越在民国时代的感觉。

为了呈现南京路上的繁花霓虹与交织人流的轻快律动，全方位展示历史与现代的传承，车站顶部的设计以几何图形为基本元素，通过红、蓝、黄三种色彩的格子拼成天顶与柱子，展现出“红、蓝、黄构图”的创意效果，也很好地展现了南京西路的中西合璧，繁花似锦、魅力无尽。

只要我们在日常奔波中，稍微放慢脚步，留心地铁车站的设计，就能发现每个车站的独特之处。南京西路地铁站的站名墙设计也别出

13 号线南京西路站

南京西路正、反方向站牌（日之城与夜之城）

12 号线南京西路站内部

12 号线南京西路站入口

心裁。不同于一般地铁站正、反方向的站牌都是一样的形式，南京西路地铁站正、反方向站牌的颜色设计正好对应了白天的上海与夜晚的上海，体现了南京西路白天与夜晚的不同韵味。

15 你见过盖在地铁停车场上方的房子吗

我们日常生活中所接触到的房子绝大多数都是稳稳地立在地上的，悬在半空中的建筑少之又少，所以许多架空的树屋成了网红景点，令人着迷。你们知道，除了美观与新奇，建造“空中房屋”还有什么优点吗？

答案就是：提高土地的利用效率。

对于寸土寸金的上海来说，如何节约利用土地是城市可持续发展的关键。随着近几十年我国轨道交通的迅猛发展，地铁周边的停车场数量开始增多，但是停车场占地面积大、经济效益不高，于是设计师们试图在这上面做文章。这不，“上盖开发”“天空之城”“城市综合体”

上海万象城

成了当下的时髦词。那么，什么是“上盖开发”呢？简单来说就是设计师们在地铁停车场上做一个“盖子”，为城市创造出一块全新的“土地”，并在上面综合开发利用。我们来介绍一下上海首个进行商业运营的地铁车辆停车场上盖综合体项目——上海万象城。

上海万象城位于地铁 10 号线吴中路停车场上方，紧邻 10 号线紫藤路站，总体量 53 万 m^2，包括 24 万 m^2 万象城购物中心、14 万 m^2 超 A 级写字楼、3 万 m^2 国际轻奢酒店，是上海西部最摩登的城市综合体。设计师们独具匠心地采用多首层设计，分别连接地铁、吴中路地面、星空广场及写字楼区域，使不同区域及通过不同交通方式抵达的客流无缝融合，人流动线组织巧妙，同时也让消费者能最便捷地进入购物中心。

此外，地铁 17 号线徐泾东停车场上方的“天空之城”是首个集住宅、商业、办公于一体的上盖综合体。当我们在商场的中庭驻足时，阳光从顶部投射下来，洒在地面上，突然想到我们的脚下有另一片天地，真是有点不可思议呢！

而且，在 10 号线紫藤路站的地铁口，还有着可以见证上海地铁发展历史的中国第一家地铁专业博物馆——上海地铁博物馆。整个展馆分为地铁发展历史、地铁功能、地铁文化、地铁安全、世界地铁等几大板块，细述上海地铁的故事。

16 你知道上海交通大学站墙上的符号和公式是谁的手笔吗

钱学森，是世界著名科学家，两弹一星功勋奖章获得者。说起钱老，大家对他传奇的故事耳熟能详，他突破重重困难回国效力，成就了“两弹一星”伟大事业，被誉为“中国航天之父”“中国导弹之父”“中国自动化控制之父”和“火箭之王”。美国海军次长 Kimball 曾说，不管在哪里，钱学森都值五个师。如此伟大的一名科学家，上海是否有哪个地铁站纪念了他呢?

或许有细心的小伙伴发现了，在上海地铁交通大学站的 2 号口通道两侧，墙面上勾画着各种手写的符号和公式，几块装饰墙上还有钱学森的名字，这些符号和公式都出自哪里呢？其实这些都是钱老的手迹。

交通大学站位于上海市徐汇区淮海中路华山路路口，西南地块正是钱学森图书馆。图书馆于 2011 年 12 月 11 日钱学森诞辰 100 周年之际建成对外开放，当时上海地铁 11 号线也正在如火如荼地建设装修，地铁设计团队特别选择了钱老留美期间研究风洞原理和风车

交通大学站钱学森图书馆通道文化长廊

交通大学站钱学森文化长廊

钱学森图书馆

发电时留下的公式手稿，以此作为装饰设计元素，表达对钱老的敬重和缅怀。

另外，在地铁公共区，设计师还设置了大面积用于公共艺术的共享空间——钱学森画廊。以大幅钱老的照片作为开场，辅以钱学森经典语录、试验模型、科研手稿等文字、图片元素，通过艺术再加工的手法，以“中国航天事业奠基人”“科学技术前沿的开拓者”“人民科学家风范”“战略科学家的成功之道”4个展示专区分别呈现在观者面前。

“天”与“地”之间的文化传承，航天精神与地铁精神的首次“联姻”，使得车站充满了艺术性，同时也让我们感受到历史与知识的洗礼。

17 你知道在上海哪个地铁站最能感受到炫酷的工业风吗

经数次工业革命，短短两三百年，人类便创造了前所未有的文明。但是随着社会科技的不断进步与发展，许多当时兴建的工业厂房，如今已经成了工业遗址。不过，近年来怀旧的风潮使得工业风格的装修成为一种时尚，从发源地欧洲一路红到美洲、亚洲。越来越多的餐厅、咖啡馆、创意空间开始以工业风格装修为主题。工业风复古装修往往会在设计中采用大量的工业材料，如金属构件、水泥墙、水泥地以及做旧质感的木材等，格局以开放性为主。那么，你见过工业复古风的地铁车站吗？

在上海地铁 9 号线就有一座车站，站内总层高 6 m 多，顶部首次

9 号线金吉路站

金吉路站站厅的工业风装修

金吉路站站厅的大钟

采用裸顶圆形风管，排列整齐又富有变化，金色管线裸露在外，整个开阔的空间充满了工业气息，前卫又炫酷，令人眼前一亮！

对，它就是金吉路站！

金吉路站不仅抛弃了以往的装饰吊顶，连站厅立柱也采用了清水混凝土，真实还原建筑的本色，看起来大气又不失“高级感”。站厅层的巨型大钟让人仿佛置身北欧小镇，站厅层的主题墙采用工业风马赛克装饰，使用了蓝色与金色的撞色搭配，大胆活泼，给人耳目一新的感觉。

整个金吉路站站厅比起地铁站来说更像是艺术装置中心，将功能与设计完美结合，颇有赛博朋克的意味，特别受广大市民喜欢，不愧为“功能设计大奖”得主！

18 你知道上海哪些地铁站是临近大学的吗

“你我来自湖北四川广西 / 宁夏河南山东贵州 / 云南的小镇乡村 / 曾经发誓要做了不起的人……”电影《少年班》中的主题曲《你曾是少年》，唱出了大学生的青涩懵懂与勇敢无畏。大学是一个充满才华、学问的知识天地，同时又是一个充满竞争、挑战的人生舞台。上海的高等教育资源丰富是出了名的，那大家知道上海哪些地铁站可以带我们去到令人心驰神往的大学校园吗？哪几个站点还结合了学校的故事进行站厅设计呢？

10 号线交通大学站

10 号线同济大学站

从 9 号线松江大学城站下来，呈现在眼前的是一座没有围墙的大学园区，这里坐落着上海外国语大学、上海对外经贸大学、华东政法大学、东华大学，等等。从 16 号线滴水湖站下来，我们很快就能够到达临港大学城，这里坐落着上海海事大学、上海海洋大学、上海电力大学。除此之外，10 号线沿线有复旦大学、同济大学、上海交通大学，其中交通大学就结合历史设计了一幅巨大的壁画挂在地铁站内展示。2021 年开通的 15 号线更是被称为大学线，沿线包含了 9 所高校、10 个校区，例如华东理工大学站、永德路站的华东师范大学闵行校区及锦秋路站的上海大学宝山校区等。许多站点直接以大学的名称来命名，借此宣传这些大学，促进上海高等教育事业的发展。

在当今社会，大学几乎是所有孩子在很长一段时间里的人生目标，孩子们对大学生活充满了憧憬和向往。所以每逢寒暑假，大学校园里就会出现很多中小学生稚嫩的身影，孩子们在自己梦寐以求的校园里暗暗许下一个个约定。青春年华，未来可期，让我们拾一个晴朗之日，找一条书卷气浓浓的线路，去领略上海高校的风采吧！

19 你知道搭哪条地铁线路去公园赏花最方便吗

每到春暖花开的时候，搭地铁去赏花就成为一件让人心旷神怡的事。上海地铁全路网共有 508 座车站，分布着沪上各大知名公园，如顾村公园、共青森林公园、世纪公园、古猗园、上海植物园，等等。那么你知道搭哪条地铁线路去公园赏花最方便呢？

地铁 1 号线是上海人民最熟悉的线路了，途经 5 个行政区，其中仅在静安区就能遇见 4 个公园，分别是彭浦四季公园、静安中环公园、大宁灵石公园以及闸北公园。这 4 个公园对应的地铁站是相邻的，分

1 号线地铁沿线公园分布示意图

别是彭浦新村站、汶水路站、上海马戏城站和盐城路站，真的是一站一公园。想要在最短时间内打卡这四个公园，1 号线绝对是不二之选。而且这 4 个公园几乎囊括了四季景观，无论是春之樱花、夏之月季、秋之桂花或是冬之腊梅，我们都可以找到自己的心头之好。

要推荐的第二条线路，就是 2021 年开通的上海 15 号线了。从 15 号线最北端的顾村公园站步行 200 多米就可到达顾村公园，这是上海市宝山区最大的郊野公园，是赏花的绝佳胜地。一路南下，从铜川路站 1 号口出去就可以看到真如公园。越过梅岭北路站与大渡河站，我们还可以在长风公园站下车，这里有国家 4A 级旅游景区长风公园。这座山水公园中四月牡丹尽放、五月月季添色，春意盎然，一片生机。最后，我们到达桂林公园站，这里有闻名的皇家花园，园内小桥流水、叠山立峰、楼台掩映、花木扶疏。

在这个盎然的春季，让我们趁着明媚的春光，踏着花路，去听花开的声音吧！

20 你知道“洋快餐里吃出金点子”说的是哪个地铁站吗

城市轨道交通的迅猛发展，让徐家汇从当初多为农田、小河的一隅，一跃成为城市副中心。地铁1号线徐家汇站，设计师原计划将其建设成为超大下沉式广场，连通周边商场和地铁出口，方便疏散客流、聚焦人气，但同时也带来了棘手的问题。按照传统的建设思路，该方案需要实施大面积开挖，这样势必会造成徐家汇商业中心和交通枢纽长期瘫痪。徐家汇商城要关闭三年配合施工，这对于初成气候的徐家汇来说无疑是一次巨大的冲击。

那该怎么办呢？

对于徐家汇如何施工的方案，专家们反复修改论证，这个遗留的

徐家汇枢纽站

徐家汇站步道

世纪难题同时也困扰着上海市城市建设设计研究总院（集团）有限公司总工程师徐正良，他带领团队工程师们沿着徐家汇来来回回走了无数遍，但还是寻求未果。直到一个平常的下午，徐正良正陪着女儿在徐家汇的肯德基餐厅吃东西，无意中抬头看见马路对面港汇广场的西侧，有一条小马路叫恭城路，忽然之间，灵光乍现：如果把原计划建设在华山路下的 11 号线西移到恭城路下面呢？这个改动同时还可以把 9 号线的站厅放在港汇的地下车库位置，那岂不是一举两得吗？经过反复的测量与计算，徐正良及其团队发现三层地下空间十分合适。

很快“环港汇广场”方案出炉，9 号线按期通车，徐家汇商圈也保住了。仅仅一步之移，就创造出了海阔天空的未来，这可真是“洋快餐里吃出金点子”！

悠长的徐家汇站步道，来来往往的各色人群，彩色灯光带，超长的互动大屏幕，文艺气息与城市现代感融合得恰到好处的精美细节……当你行色匆匆地走过这里时，不妨放慢你的步伐，感受一下这一切的来之不易。

21 你知道上海哪一个地铁站拥有“黑科技”吗

在网络用语不断更迭交替的今天，连“高科技”一词都仿佛落伍了，“黑科技”成了大家的“新宠”。那么你知道上海哪一个地铁站拥有“黑科技”吗？

答案就是：17 号线的诸光路站。

初到地铁 17 号线的诸光路站，面对贯通的大中庭，阳光可以透过天顶，照射进站厅，地下通透敞亮的感觉让人宛如置身地面。比起其他地铁站，诸光路站更像是一个“宫殿式的建筑”。车站洁白无瑕，让人耳目一新，大型陶艺装置作品《诸光开物》融合了万花筒、四叶草等元素，堪称站内点睛之笔。整个车站给人以美轮美奂、耳目一新的美感。

17 号线诸光路站

不过诸光路站的厉害之处绝对不仅仅是它的“美”。2018 年，诸光路站荣获 LEED①银级认证，成为亚洲第一个获得 LEED 认证的地铁车站，开启了我国轨道交通建设绿色认证的新征程。可以说诸光路站是全亚洲最绿色的地铁车站。

感受到了诸光路站的“美”与“绿”，现在我们来看看它的黑科技。其建筑和装修材料也是“节能标兵”，材料无辐射，产地有讲究。所有出入口等屋面均采用浅色蓄能发光多功能涂料，其可见光反射率较高；中庭天窗选择了高反射率、低传热性的玻璃；站内涂料兼具蓄光和释放负离子功能。这些材料均可有效防治热岛效应，不会增加空调能耗，人们在室内也不觉闷热。针对空调和照明等“耗电大户”，站内安装了上百个传感器，实时监测新风、二氧化碳、光照、温度和湿度等指标，并采取智能分区调节，满足各类人群的不同需求，提高乘客舒适度。

立足地下站台，仰望晴空的蓝天，诸光路站，令人遐想无限！

诸光路站的陶瓷釉画作品《诸光开物》

① LEED：Leadership in Energy and Environmental Design，能源与环境设计认证。

22 你见过拥有“巨蛋”造型的地铁站吗

“知识改变命运，科技创造未来。”想必大家对这句话并不陌生。我国的科技历史源远流长，在很长的一段历史时期都居于世界领先地位。浩若烟海的科学技术成就，为世界文明的发展做出了卓越的贡献。那你知道上海哪一条地铁线路拥有满满的科技感吗？

10 号线这条横穿五角场的地铁线路，蕴藏着智慧和创新的力量。五角场一直很有名，作为一个交通枢纽，五角场连接的五条路（四平路、邯郸路、淞沪路、翔殷路和黄兴路）呈放射状向外辐射。城市副中心、市级商业中心的定位让五角场逐渐脱胎换骨。2006 年 12 月，建筑面积达 33.5 万 m^2 的万达广场在邯郸路淞沪路口开业，由艺术大师陈逸飞领衔设计的环岛上空的巨蛋，更是以独特的造型和丰富的色彩，让五角场变得令人“弹眼落睛”。到了晚上，巨大彩蛋上的灯光亮起，缤纷的色彩不断变换，车辆驶入其中仿佛可以穿越到另一个时空，引起人的无限遐想。到了 2010 年，10 号线的通车更是让这里变得人山人海，哪怕是在繁忙的工作日里，五角场巨蛋广场中的人也一定不会少。

五角场下沉式广场

五角场下沉式广场夜景

（图片来源：https://pixabay.com/zh/images/search/%E4%BA%94%E8%A7%92%E5%9C%BA/）

五角场彩蛋下的巨型花坛

五角场不但是上海人流最多、人气最旺的商圈之一，还是上海的创新创业高地。五角场再往北一站，拥有独特理念的大型“创业生活工作区”——创智天地是“工业杨浦”向“知识杨浦”转型的标杆性项目。创智天地将周边大学校区、公共社区、科技园区融成一片，旨在创造“城市的大学，大学的城市”。

此外，10 号线二期也将继续展现科技的魅力，简约的站厅设计带来了独具特色的未来感，让我们一起拭目以待吧！

23 你知道上海哪两条地铁线被称为“郊游快线”吗

“白云悠悠，阳光柔柔，青山绿水，一片锦绣……”庾澄庆用一曲《郊游》将外出游玩的欢愉融进了轻松的小调中。相信无论是孩子还是大人，一想到外出游玩心中都会充满期盼。随着我们生活水平的提高，拥有小轿车的家庭越来越多，因此每当节假日时，通往各个景点的路上都堵得水泄不通，但除此之外，似乎又找不到更好的出行交通工具。因此在过去，如果不是自驾游，大家一想到要去城郊旅游就会感到犯难，不过好消息是，现在我们上海有地铁“郊游快线”啦！

一条是地铁 9 号线，这条线途经上海月湖雕塑公园、佘山、玛雅海滩水公园、广富林遗址、松江大学城、醉白池等郊区景点，涵盖了园林山水、书香城池、游乐天地、风情古镇等多种类型的风光，既方

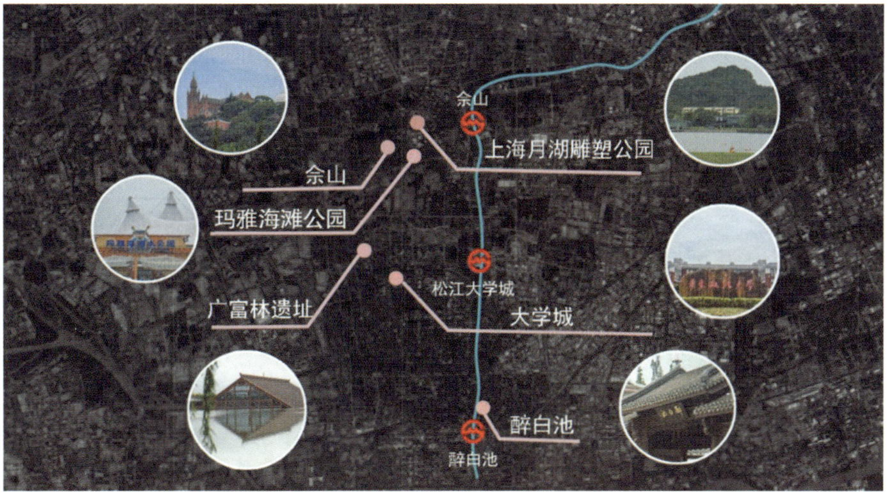

9 号线沿线著名景点

16 号线沿线著名景点

便了本地市民的日常出游，也方便了外地游客的旅游观光。

另一条则是地铁 16 号线，这条线上设有新场、野生动物园、滴水湖等站，并且各个站点还为游客们提供了郊游的快捷通道。因此，每到节假日，16 号线的客流就会明显增长，甚至出现连续多日人山人海的情况。

不过有些可惜的是，一些景点离地铁站还是有段距离的，比如乘坐 9 号线到佘山、泗泾古镇，下车后还要换乘公交走一段路。同样，16 号线野生动物园地铁站距离上海野生动物园还要步行 20 分钟；从新场地铁站出站，须乘坐公交车到新场古镇，步行则需半个小时。不过我们相信，在未来城市交通系统不断发展后，这些“最后几公里”问题一定可以得到妥善解决。总体而言，有了这两条“郊游快线”，大家游上海可方便多了！

24 你了解地铁站站名墙背后的名家书法吗

走出地铁车厢，迎面就能看到书写着本站站名的主题墙，这对于每天出入地铁站的我们已经司空见惯了。那么大家是否知道，首次尝

13 号线江宁路地铁站

13 号线汉中路地铁站

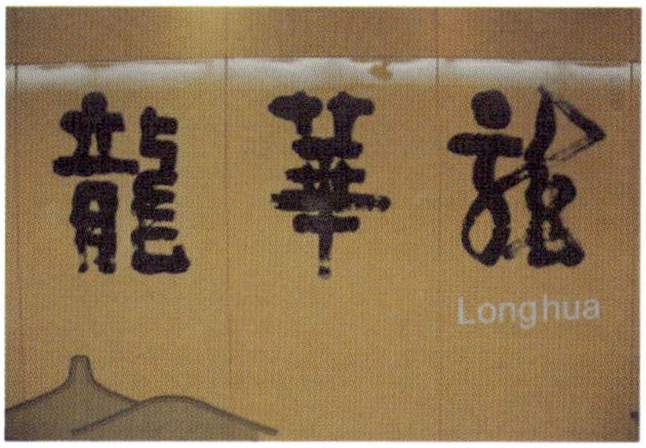

12 号线龙华路地铁站

12 号线顾戴路地铁站

11 号线迪士尼地铁站

上海特色地铁站站名墙

试在站台楼扶梯侧墙设置大字站名墙的是地铁 8 号线一期。当时设计师借鉴了香港地铁东涌线的经验，在得到正向反馈后，越来越多的线路采用了这种方法。除了可以让乘客更清楚自己到达哪个站以外，地铁站站名墙的背后深藏着名家书法、地域风情，其中还有很多好玩的小故事呢！

有网友说，13 号线的江宁路站站名是玉佛寺方丈觉醒大和尚书写的，后来经过证实，此言不虚。无独有偶，不仅是觉醒大和尚书写过地铁站名，龙华寺方丈照诚大和尚也撰写过地铁站名。

这些站名墙中的字体主要源于以下四种情况。第一种是名人书写，就如上文提到的江宁路站和龙华站。第二种则是取自书法名家的字库。这里以 10 号线为代表，站名墙采用白底黑字的设计，每一站的字体分别取自各位书法名家的字库，并辅以标准字体的小站名，文字部分采用不锈钢烤漆粘贴于白墙之上，简洁清晰。其中同济大学站和交通大学站站名采用与学校校门相同的字体。第三种则是结合站点周边景观以及地标性建筑来设计。像 12 号线的顾戴路站紧邻儿童医院，所以站名墙就采用了儿童涂鸦的风格；汉中路结合车站装饰风格，站名墙采用了金色立体浮雕。第四种则是由专业公司制作，其中的代表就是 11 号线的迪士尼站，它是由华特迪士尼公司专门为上海地铁创作的，反映了迪士尼特色的站名墙。

这些站名墙，既增强了识别性，又凸显了艺术性，体现了轨道交通网络和线路的人文特点及艺术形象。对于我们而言，不妨在乘坐地铁之余多关注一下身边的地铁站，说不定会有意外的收获呢！

25 你见过面朝大海的地铁站吗

“从明天起，做一个幸福的人 / 喂马，劈柴，周游世界 / 从明天起，关心粮食和蔬菜 / 我有一所房子，面朝大海，春暖花开。”这是一首很多人耳熟能详的小诗，让人对未来的美好生活充满憧憬。大家可能想不到，在上海就有这样一座地铁车站，可以满足你“面朝大海，春暖花开”的愿望。

与其他地铁车站相比，进入 16 号线的滴水湖站，你就会感觉耳目一新，因为这可不是一个普通的地铁车站。乘着自动扶梯从站台层到达站厅层，就会发现车站尽头“仿佛若有光”，沿着站厅层中央的人行步道靠近，穿过宽敞高大的玻璃幕墙，天地一下就更加开阔了。这是一个直径几十米的巨大的下沉式广场，顶部中央有一座桥梁跨过，抬头青天白云，迎面习习凉风，节假日还有旱喷泉伴随音乐缓缓律动。若是春夏，此刻你定能闻到花香袭人。继续顺着自动扶梯向上，视线慢慢高于地平线，“大海”迎面而来。

其实，迎面而来的并非“大海”，而是滴水湖。千万不要小瞧了滴水湖，它的湖面整体呈正圆形，直径约 2 600 m。来过的人都这么形容

16 号线滴水湖站

16 号线滴水湖站站台

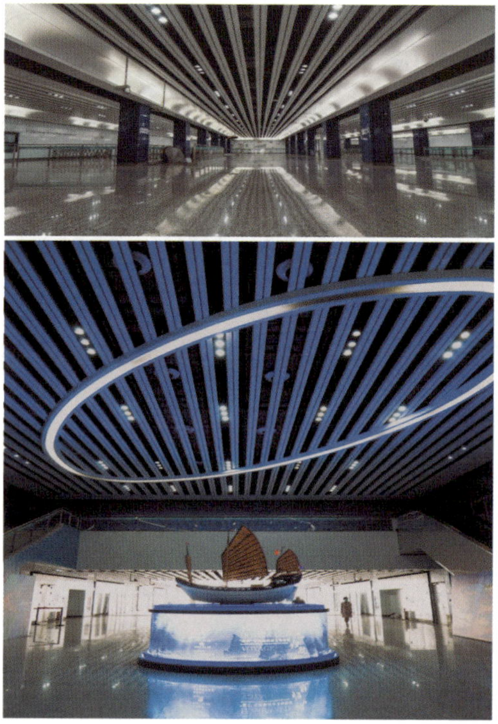

16 号线滴水湖站内的灯光与展品

它："一滴来自天上的水滴，落入大海，泛起层层涟漪，水滴落入处形成湖面。"

值得一提的是，近几年滴水湖里发现了中国新鸟种——丝绒海番鸭。不仅如此，湖里同时还有国内非常罕见的黑海番鸭，有一年冬天，几只斑脸海番鸭也曾经到访。没想到，小小滴水湖，居然一个冬天就可以集齐国内所有海番鸭。这意味着滴水湖附近的生态自然环境十分优越。看到这，大家是不是也想来一探究竟呢？

26 你知道哪个地铁站最有知识吗

世界上最强大的力量是什么呢？答案众说纷纭，有人说是金钱的力量，有人说是友情的力量，有人说是大自然的力量，更有人觉得是知识的力量。因为，知识的力量不仅可以使人拥有或者是利用上述的力量，而且可以让人的一生受用不尽。上海地铁就有这样一座车站，如果说它不是最有知识的车站，那就没有车站敢称第一。那你知道哪个地铁站是最有知识的车站吗？

它就是被称为“知识之梯”的上海图书馆站。

上海图书馆站位于上海徐汇区淮海中路高安路，上海图书馆附近，为上海地铁 10 号线的地下车站。车站内仿古书卷造型的立体艺术墙，通过从古到今中国汉字的演化及上海图书馆馆藏经典图书等影本资料表达了中国上下五千年和谐文化，形成了展现中国五千年文化史的“知识之梯”大型浮雕。壁画浮雕均与地铁站周边的文化、历史和城市繁荣相呼应。

上海图书馆站内的立体造型艺术墙

10 号线上海图书馆站

对佛学研究有兴趣的朋友，若想要见识一下距今 1 400 年的《维摩诘经》，就可以从这一站下车，进入图书馆内参观。《维摩诘经》是上海图书馆最早的藏品，其可以说是对中国佛教影响最大的一部佛经。

大家可以乘坐地铁，从上海图书馆站进入馆内参观，上海图书馆还有百余件镇店之宝等你来揭开神秘面纱。

27 你见过具有“石库门”气息的地铁站吗

石库门是一种中西合璧的建筑，这种建筑大量吸取了江南民居的式样，以石头做门框，以乌漆实心厚木做门扇，极具中国传统民居特色。那你见过具有“石库门”气息的地铁站吗？

地铁 10 号线一大会址 · 新天地站，是一座承载了城市记忆的车站。如果你想了解上海老建筑，亲手触摸一下老上海人的生活，一定要搭上地铁 10 号线，让一大会址 · 新天地站带你寻觅老上海人当年的日常生活。

10 号线一大会址 · 新天地站
（图片来源：https://pixabay.com/images/id-271869/）

一大会址·新天地站走道

走进车站，红色文化和石库门气息扑面而来。青砖墙面、石库门元素、黑白老照片……“党的诞生地”主题文化长廊，无不彰显出新天地站的特殊。在站厅层老式壁灯的环境氛围营造下，嵌入在青砖墙上的七座石库门形态的大型显示器，用视频影片滚动展现着上海的早晨和傍晚、风情与民俗，乘客透过门窗，跨越时空，与上海的过去、未来穿梭交汇，正呼应了其设计主题“天地穿梭”。该站设计之初，设计师们收集了大量历史资料，在车站造型、路灯设计和灯光形式上，都打破了以往传统的风格。特别值得一提的是，该车站的墙面，全都是用手工翻模出来的。

在站点设计上，建筑师们运用奇思妙想，在整体上保留了大部分的石库门建筑，但是又在其间穿插了一部分现代建筑，把新的生命力注入了这些旧建筑中，很多淹没在弄堂里的公馆建筑也重见天日，仿佛一座历史建筑博物馆。而人们从红砖墙面的车站出去，又会重新回归到现代繁华的商业街中，复古与现代在此交织，让乘客体验到不一样的感觉。

28 你知道我国第一座四线换乘站吗

上海地铁线路从一张规划图到一条线，从一条线再到一张网，虽然只经历了短短几十年，却也是日新月异。我们每个人只是近千万乘客中的一员，在城市的各个地铁车站中穿梭，安检、进站、换乘，我们熟练地重复，行色匆匆。上海地铁系统每日承载着如此庞大的运量，但是依旧有条不紊地运行着，而我们能够方便地乘坐地铁到达上海的各个角落少不了地铁换乘站的功劳。那么大家知道中国（不包括港澳台）第一座四线换乘地铁站是哪一个吗？

如果大家曾经搭乘地铁游历过浦东新区，那一定会经过可以换乘四条地铁线路的换乘大站——世纪大道站。

世纪大道站

世纪大道站地处东方路、张杨路、世纪大道路口东南方向，福山路、潍坊路、世纪大道路口西北处。地铁站北侧为百联世纪购物中心，南侧为世纪汇广场。地铁 2 号线、4 号线、6 号线、9 号线四条线路在这里实现近距离换乘，这里是上海地铁路网换乘客流最大的地铁站，是地铁车站中“巨无霸”的实力担当。这四条线路又恰好朝向八个不同方向，真可谓“四通八达”。

车站分为地下三层，共有 8 个出入口，便于与周边商圈建立良好的交通联系。除此之外，设计师们创造性地建造出了“丰”字形换乘站，以全站台与三座车站站厅层直接沟通的方式替代了以往传统的通道换乘模式，极大地缩短了乘客们的换乘时间和距离，节约了乘客们的出行成本。

作为我国第一座四线换乘枢纽站，世纪大道站的变迁见证着上海轨道交通建设的沧海桑田，更见证了上海发展的万象更新。

29 你知道全世界最长的地铁线是哪条吗

世界上最长的河是尼罗河，全长 6 670 km，是 11 个国家共享的水资源；世界上最长的山脉是安第斯山脉，全长约 8 900 km，位于南美洲西岸；世界上最长的火车来自澳大利亚，由 682 节车厢组成，总长度超过 7 000 m……那你知道世界上最长的地铁线是哪条，在哪里吗？

世界上最长的地铁线路在中国上海，是摘得国际工程设计咨询界“诺贝尔奖”——“FIDIC”奖的上海地铁 11 号线。上海地铁 11 号线，

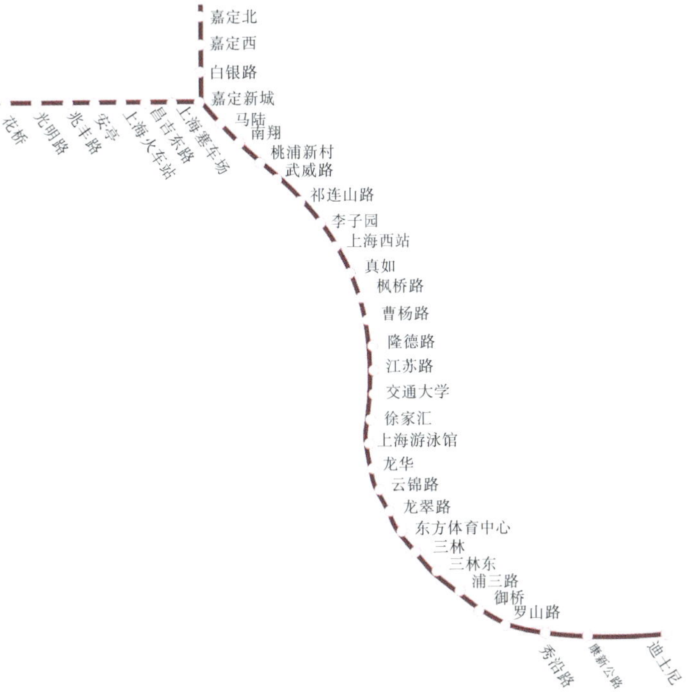

上海地铁 11 号线运行示意图

总长约 82.4 km，超过了英国伦敦地铁中央线，是世界上最长的地铁线，也是中国目前唯一一条跨省地铁线。坐上这班地铁，就可以从上海直接到达江苏，因此 11 号线又称申嘉线、沪苏线、迪士尼线。该线现有车站 39 座，途经上海市浦东新区、徐汇区、长宁区、普陀区、嘉定区和江苏昆山，其中换乘车站 8 座。该线路里程之长、设计之完善，在全国的地铁规划设计上都可以称得上是典范。

11 号线的建设大大减轻了地面出行压力，住在昆山的小伙伴前往上海上班，乘坐地铁，从昆山花桥到上海西站只需 40 分钟，这对乘客来说真是太友好了！同时，这也对拉动昆山的经济发展有很大帮助。

上海地铁 11 号线的开通不仅是为了方便出行，同时也是上海与江苏携手打破行政区划限制的一次全新尝试。沿线上的站点将被连通起来，生活跟着新上海人的节奏鲜活起来。城市让生活更美好，轨道交通让城市更美好。

30 你见过在地铁站为我们服务的机器人吗

“红外感应”“大数据”“云计算”，不知不觉高科技手段已经渗入我们的日常生活，越来越多的机器人在各行各业给我们提供暖心的服务，那你们见过在地铁站为我们服务的机器人吗？

上海地铁 13 号线的中科路站，车站内设置了智能问询服务机器人，吸引了很多小朋友前来，而可爱的机器人热情地接待着大家。在站厅，两台智能问询服务机器人正在来回巡视，随时准备接待乘客询问。机器人粉嘟嘟的脸部是智能屏幕，“手臂”两侧是扬声器，胸前佩戴着上海地铁的红色标志，俨然一名“智能导乘员”。

机器人不但外表可爱，还有着一身过硬的本事呢。科学家们整合先进的人工智能与机器人技术，通过人与机器的语音交互，方便解决乘客对票价、列车时刻表、换乘路线、购票帮助、配套服务设施、出入口信息和周边地标等信息的查询，全面提升乘客体验。智能机器人

智能问询服务机器人

（图片来源：https://pixabay.com/zh/illustrations/robot-humanoid-robot-laptop-6654031/）

的努力工作，为车站工作人员及志愿者们减轻了负担。

这是上海地铁车站首次出现的智能机器人。站在它前面，对着它的显示屏幕询问：“人民广场怎么去？”机器人就能立刻告知乘车线路及具体车票是多少。这些智慧交通服务的硬核科技，你体验过了吗？

31 你知道上海地铁线路颜色背后的故事吗

每次乘坐不同的地铁线路，总能发现标识牌、桌椅以及装饰颜色的变化。其实，上海的每条地铁线路都有自己独特的颜色，你知道不同颜色背后的含义和故事吗？

1 号线，红色。1 号线是上海的第一条地铁，亦为上海轨道交通最繁忙、最重要的大动脉。1 号线串起了人民广场、火车站、一大会址等城市重要场所，它所串起的公共机构是上海其他任何线路都不能替代的，它的运营使上海成为继北京、天津之后中国（不包括港澳台）第三个拥有地铁的城市。因此 1 号线采用正红色是理所当然的。

2 号线，绿色。2 号线串起的是浦东和浦西，是国内单线运营里程最长、客流最大的轨道交通线路。乘客很大比例都是新上海人，是上海向国际化大都市发展的新希望，而绿正是代表着发展与希望。

3 号线，柠檬黄色。3 号线原来叫明珠线，建设于 1997 年。由于 3 号线开始建设前已经完成了 1 号线的建设和 2 号线的申报，因此 3 号线的建设计划一开始并未被批准。上海市政府为了继续建设 3 号线，就将原定地下敷设的计划改为了高架敷设，利用老沪杭铁路内环线和淞沪铁路高架进行改造，使得 3 号线成为上海首条高架轨道交通线路。

4 号线，紫色。4 号线是上海地铁唯一的一条环状线，而且与 1 号线、2 号线组成了“申”字，代表着上海。虹桥路站和宝山路站之间的 9 个站点与 3 号线采取了城市轨道交通系统不常见的“共线营运”方式。与此同时，4 号线还真正圈出了上海的市中心，为上海市中心各站之间的换乘起到了相当大的作用。

5 号线，紫红色。5 号线是闵行区自费建造的地铁支路，也许是因为经过紫竹科技园区和上海交通大学等高校的关系，5 号线选中了紫红色。相对于其他地铁车辆，它的车辆编成只有4节，是上海第一条真正意义上的轻轨。

6号线，品红色。6号线的站与站之间间隔距离较短，乘坐更为灵活，因此采用的也是更为跳脱活泼的品红色，象征着海上的霞光。

7号线，橙色。7号线在施工中依靠科技大胆创新，采用了盖挖法、气压沉箱、综合监控、减震降噪和拔桩技术等一系列新工艺、新工法解决工程施工难题，共获得了10多项科技进步奖和优秀咨询奖，并取得了14项专利。11座车站可以和基本网络中的9条线路换乘，所有的“T”字、“十”字换乘中，7号线站台总位于其他线路站台的下方。7号线的代表颜色是“科技”橙，正是由于其11座车站可以和9条线路换乘，因此其同样拥有非常重要的地位，但又并非同中心地区的线路那样位于首要。

8号线，蓝色。8号线早先叫杨浦线，而杨浦是一个擅长数理化，机床、柴油机等工业产品发达的地方，可以说科技是杨浦的特色，所以8号线采用了理性蓝来作为代表色。

9号线，天蓝色。9号线也称作申松线，是开工建造的上海第一条郊区线，沿途经过松江、醉白池、佘山、欢乐谷、九亭、七宝古镇、漕河泾、小南门和打浦桥。在郊区可以见到更开阔的天空，所以地铁标识色使用天蓝色也名副其实。由于9号线列车当时被世博会借用，所以也称为“海宝蓝”。

10号线，浅紫色。10号线为中国首条无人驾驶的全自动轨道交通线。它是上海历史上最“白金”的线路，沿途经过虹桥综合交通枢纽、虹桥机场、宋庆龄陵园、上海交通大学、上海图书馆、新天地、老西门、城隍庙、南京路、同济大学及五角场等站点，气质优雅，因此选用浅紫色来衬托。

11号线，深褐色。11号线也可称为沪嘉线，是全国第一条跨省的地铁线路，也是世界上最长的地铁线路。奔至江苏省，到达迪士尼，孩子们喜爱的米老鼠、唐老鸭等形象，都会在这条线路上出现。

12 号线，青绿色。12 号线可是“无所不能换乘王”，号称轨道交通中的换乘小能手。全线可与 11 条运营中的轨道交通线路相交换乘。它强化了上海中心城区向外围的交通辐射功能。12 号线路经复兴岛，这是一座黄浦江上隐秘的岛屿，岛上的复兴岛公园非常优美，绿意盎然，十分贴合这条地铁线的颜色。

16 号线，淡墨绿色。淡墨绿色是介于墨绿和淡蓝之间的颜色，就像它的终点站——滴水湖一样，湖水的颜色大概就是这样吧。它是上海地铁首次使用沪语报站的地铁线。

大家会发现，随着越来越多的新线路建成，地铁线路的颜色也越来越丰富多彩。事实上，颜色的选定主要是按照项目选型、线路规划策略以及总营销的角度和城市规划的角度确定的。这里面有更多的学问和文化等待大家一起去探索。

上海地铁线路与对应的专属潘通颜色

32 你知道古海岸线“冈身线”与上海地铁的关系吗

你听说过“冈身线”吗?

在很多人的印象中，上海是直到近代才由一个小渔村发展起来的城市。事实上，经过科学家们多年的考古研究，上海古海岸线冈身地带，已发现一连串的古文化遗址，最久远可追溯到6 000多年前。冈身孕育了辉煌的上海古文明。

“冈身线”是距今6 500年至3 000年间在上海西部形成的古海岸线，是上海等沿海地区特有的一种地理现象，其纵横了现在上海的嘉定、青浦、松江、闵行和金山5个区。那古老的文明与现代科技的上海地铁有什么关系呢?

上海地铁15号线与“冈身线”冥冥之中有一个奇妙的巧合，其线路走向刚好与“冈身线”平行。这激发了设计师的灵感，地铁站的设计理念由此出发，衍生出“海岸到大地过渡”的主题。不同车站依次选用了“岩石棕”“滩涂橙”“沙滩金”“海水蓝”这4种体现海岸到大地过渡的主题色。在车站装饰材料方面，一改以往以金属板为主的风格，而是采用了陶板、水泥板等更温暖的材料，赋予车站更多质感。艺术装置呈现海洋到陆地再到城市的演变过程，运用点、线、面的构成，动静结合，抽象地解读“冈身”，并带给人们无限的想象空间。

时空留痕，被称为上海轨道交通路网“西部走廊”的15号线，带着冈身印迹，载着我们历经“沧海桑田”。

33 上海地铁与哪些城市实现了轨道交通乘车二维码的互联互通

前几日，出差重庆的王工一边用蓝牙耳机接着电话，电话中方案讨论会热火朝天，一边顺手打开“Metro 大都会”App（手机软件）进了地铁站，完全忘了身在他乡。同行的小伙伴大跌眼镜，一路困惑不解：难道有如神助，他的“Metro 大都会”也忘了身在重庆？

其实，上海与重庆轨道交通乘车二维码早就实现互联互通了。上海市民可用“Metro 大都会”App 随便乘坐重庆地铁，而重庆市民也可使用“渝畅行”App 便捷乘行上海地铁。那你知道上海地铁都与哪些城市实现了轨道交通乘车二维码的互联互通了吗？

多城互通的轨道交通乘车二维码

“ Metro 大都会” App

自 2018 年 12 月 1 日互联互通启动以来，上海地铁乘车二维码已实现与长三角所有地区的城市以及青岛、兰州、北京、广州、重庆等 15 个城市的轨道交通互通，这些城市的轨道交通总里程约占全国所有地铁城市的 50%，累计服务约 806 万人次。

随着刷码乘车技术的升级，经常出差的小伙伴有福了。打开“Metro 大都会” App，点击乘车码左上角的“上海地铁”，切换为当地地铁，按照指引就可以方便地开通异地乘车码功能，刷码畅行当地。

同理，使用异地的地铁 App，也只需要切换至上海轨道交通乘车页进行类似操作，无需再下载对方城市地铁 App，大大方便了跨城出行的轨交乘客。

34 你知道地铁界的“淮海战役”吗

“1992 年 2 月 10 日，百年淮海路第一次休息了。为配合地铁 1 号线陕西南路站和黄陂南路站施工，淮海中路从陕西南路到嵩山路段全线封闭，开膛剖肚，下面的市政管道也借机翻新。”这是一段并不遥远的历史，只是我们鲜有人知。不过对于老一辈地铁建设者来说，这段回忆至今记忆犹新，过来人都称之为新“淮海战役”。

淮海路是上海主要的商业区域，又是主要交通干道，工程难度非常大，淮海路工程规模大、技术复杂、工期紧迫、环境保护要求高，时任上海市的主要领导非常重视此工程，直接听取各方意见，最后决定采用盖挖逆作法施工。这种方法的优点是在开挖路面建立一定的地下结构之后，会较早地先恢复路面，再进行地下施工，这意味着对路

海派风情的淮海中路地铁站

淮海中路地铁站站厅

淮海中路地铁站扶梯

淮海中路地铁站海派装饰墙

面的影响更小，但是也意味着施工难度更大。在各方的努力与配合下，最终只用了 9 个半月的时间，就完成了淮海路上三座地铁车站需逆作法施工的所有工程项目，并将焕然一新的淮海路交还于人民。

地铁淮海中路逆作法施工的成功证明了中国人有能力、有水平、能完全依靠自身的力量建设复杂软土地基基础上的地下工程，而且还摸索出了一套城市中心进行地下施工的管理经验与方法。该项目还荣获建设部科技进步奖，为今后在其他地铁线路实施逆作法走出了一条成功之路。

如今 13 号线淮海中路站深达 33 m，总共地下 6 层，其中上三层为商业配套设施，下三层为地铁空间。在淮海中路站附近，13 号线从 1 号线下 2.4 m 处穿越，施工难度大，工程师们站在前辈们的肩膀上，选择地下结构上三层顺作、下三层逆作的方法施工，建设完成了目前上海最深的地铁站。

35 你知道上海地铁是如何为了“碳中和”的目标“洁净所能”的吗

“十四五”开局伊始，“碳达峰”“碳中和”已占据“热搜”榜首，我们立志将用全球历史上最短的时间实现从“碳达峰”到“碳中和”。那你知道拥有全球最大规模城市轨道交通网络的上海地铁，是如何为了“碳中和”的目标“洁净所能”的吗？

作为上海公交系统的骨干，上海地铁是典型的大运量绿色低碳出行方式，从 1 号线开通至今，累计运送乘客超过 5 500 亿人 • km，与传统公共交通相比，节约标准煤 1 022 万 t，减排二氧化碳 2 795 万 t，相当于种植森林 760 km^2。

上海地铁龙阳路基地光伏项目

4 号线蒲汇塘停车场花园式车库屋顶绿化

从白炽灯到荧光灯，从 LED（发光二极管）到智能照明；从定频空调到变频空调，从单一模式到智能调控；变频电梯、节能型变压器、可调式通风型站台门、列车节能运行模式等一大批节能“四新”技术（即新材料、新设备、新工艺、新技术）在上海地铁得到了广泛的推广应用。

我们充分利用地铁停车场的屋顶资源，布局光伏发电产业，开发清洁能源。目前，上海地铁已在十余个车辆基地设置了光伏发电系统，年发电量相当于 6 号线全线车站一年的用电量。此外，我们还在 6 座停车场造绿 28 万 m^2，相当于十余座中型公园，成为遍布城市各处的地铁花园；4 号线蒲汇塘停车场花园式车库屋顶绿化更是上海最大的屋顶花园。

“不积跬步，无以至千里；不积小流，无以成江海。”上海地铁在各个细节上精益求精，助力国家如期实现“2030 碳达峰、2060 碳中和”的宏伟目标。

36 你见过古朴禅韵的地铁站吗

“龙华晚钟”历来被赞为“申城八景”之一，堪与姑苏城外寒山寺的“夜半钟声”相媲美。去龙华寺“迎新春撞龙华晚钟”是上海迎新年特色风俗，是新老上海人的“申城新年第一游”。自 1991 年起，每年的 12 月 31 日，在龙华寺举行的“迎新春撞龙华晚钟”活动，都吸引了众多的中外游客，这一活动已经被国家旅游局定为国家级旅游项目之一。

于是，有这样一座车站，每逢岁末年首，带着千万宾客相聚聆听一百零八响梵钟，祈福纳祥共迎新年。你知道它是上海的哪一座地铁站吗?

答案就是：上海地铁龙华站。它位于上海徐汇区龙华古寺附近，是上海地铁 11 号线与 12 号线的地下岛式车站。龙华寺是上海地区历史最久、规模最大的古刹，所以龙华站整座车站在设计上也与之相呼应，以古风为设计主题，隐隐约约透露着龙华寺的庄严肃穆之感。姜黄色的主色调，搭配以禅韵壁画，再加上由龙华寺的照诚大和尚书写的主题墙上的站名，每一处细节都散发着古朴的韵味，给人别样感受。

明人潘大儒诗云：“江寺鸣钟到夕曛，山僧不语带归云。一夜雨散人散渡，竹房香梵渡氤氲。”诗中的意境也许我们不易经历，但希望我们在闹市中仍能寻得一处安宁，在寂静之中可闻美妙钟声，偶能有绝尘脱俗之感。

庄严而又富有禅韵的龙华站

37 你见过最具科学家气质的地铁站吗

小时候，“科学家”对我们来说只是个遥远、朦胧又神秘的概念；长大后终于知道，科学家其实就是从事科学研究工作有一定成就的人。上海地铁中有这样一座车站，学识广博，极具科学家气质，你知道那是哪个车站吗?

上海科技馆站是2号线的中间站，位于上海浦东新区世纪大道东部，是上海地铁近500个车站中的科普示范站，最具科学家气质。车站的设计极具美感，进入站厅层，迎面是工业科技发展史展览墙，按照标识的时间顺序一路看过去，上海的发展一点一点浮现于眼前。似乎岁月流过的痕迹，以及对飞速发展的自豪感都变得清晰可见了。

由于该地铁站紧邻上海科技馆，站厅也充满着浓郁的科普气息，让人心生向往。展示窗口内容与科技馆的展示展览项目进行互动简介，

2号线上海科技馆站内部装饰壁画

极具工业美感的上海科技馆站入口

2 号线上海科技馆站内部天井

大到宇宙苍穹，小到生物细胞，众多科学原理和科技成果在这里得到充分展示，为每个路过的孩子种下梦想的种子。

上海科技馆站完全融于科技馆的整体设计中，弦月形出入口及被称为“最美阳光广场”的下沉式广场旁的各种雕塑、阳光、绿水，一切都让人感到心旷神怡。天气好的日子，一走出地铁站就能看到广场上嬉戏的孩童、奔跑的小狗、玩滑板的少年，蓬勃而青春的气息，灵动而阳光的画面，给每一个来到这里的人，都带来了轻松愉快的感受。

38 你知道通过哪个地铁站可以前往探寻“静安八景”吗

作为一个上海人，你也不可能不知道“静安寺”这个地方，因为静安寺不仅是上海一个著名的古刹，还是上海一个著名商业中心。静安寺始建于三国时期，时间实在是太久远了，传说中的“静安八景”也都湮没在了历史的尘埃中，茫然不可考。但是现在，上海地铁有一个这样的车站，可以重新探访当年“静安八景”的盛况，你知道是哪个地铁站吗?

静安寺站位于上海繁华的静安寺商圈，是上海地铁 2 号线、7 号

典雅庄重的静安寺站

线、14 号线的换乘站，是十分重要的换乘枢纽。为了配合静安寺的沉稳与威严，静安寺站的设计也显得非常有历史厚重感——白色浮雕和描金字体，典雅庄重而不浮夸，站厅内还有传统风格剪纸墙作为装饰。从静安寺站出发可以前往静安公园，里面有一个八景园。这“八景”指的是“赤乌碑”“陈朝桧”“虾子潭”“讲经台”“涌泉”“绿云洞”“芦子渡”和“沪渎垒”。每个景点都有着各自与众不同的故事，比如那“涌泉”，有人将之题为“天下第六泉”。上海曾经有过的“涌泉浜”和“涌泉路”都与它有关。

历史沧桑，万象更新，很多故事停留在老人们的回忆里。静安寺站古朴、低调却不失华丽感，以其特有的方式，向我们展示它那与众不同的魅力。

39 你见过像赛车场看台一样开放的地铁站吗

完美的流线型设计，先进的引擎装置，疾驰赛场的赛车绝对是很多爱车人士的终极梦想。作为顶级的赛车运动，F1（世界一级方程式锦标赛）越来越受到年轻人的欢迎。在众多赛车迷的眼里，这是速度与激情的展现，是运筹帷幄的精彩战术控制。你可能登上过赛车场的看台，但你见过像赛车场看台一样开放的地铁站吗?

上海赛车场站位于嘉定新城北部上海国际赛车场下沉式广场内的景观喷泉中央，是上海地铁 11 号线的地下一层全镂空侧式车站。车站采取敞开式设计，是上海市已知规划中唯一的地下开放式轨交车站。车站外的乘客能看到站台及进站列车，实属地铁圈的奇观。

11 号线上海赛车场站效果图

车站整体上犹如赛车场的看台，而且出站后可以从上海国际赛车场南侧方便快捷地进入场内。每到有比赛的日子，地铁站里都能看到数量众多、各色装扮的赛车迷汇聚在一起，仿佛一场盛大的嘉年华。车站内设置了多达8个出入口，以保证拥挤时人们仍然可以顺利地到达目的地。

赛车伴着疾风呼啸而过，只听见震耳欲聋的声响，转眼间却已不见车影，留下赛道上灼热的黑色痕迹，以及众人齐刷刷扭头追随心仪车手的定格画面。每一次的F1赛事，都是世界车迷的狂欢，而每一个赛季的上海赛车场站，其人流量也是相当可观。

40 你知道上海哪一座地铁站可以拍出“线条感”大片吗

用线条造型是人类最早、最简洁的绘画表现形式。中国画中用线条表现物象的手法称为“白描”，或称为“线描”。最初，白描是以粗细均匀的线条为主的。唐代的吴道子用线具有粗细轻重的变化，能生动地表现衣服的动感与厚度；北宋的李公麟擅长白描手法，能很好地展现线条的魅力。

而如今流行的工业风设计，除了水泥、铁艺、暴露结构和机械元素的大量运用以外，对于直线元素的运用也是重中之重。因为直线呈刚性，而刚硬冷酷正是工业风的精髓所在。那大家知道上海最具有线

13 号线学林路站

学林路站的工业裸装风

条感设计的地铁站是哪一站吗?

答案就是位于上海地铁 13 号线的学林路站。事实上学林路站的设计走的也是工业裸装风路线，与 9 号线的金吉路站有异曲同工之处。

如果你是工业风的爱好者，那么学林路站绝对会让你怦然心动。设计师通过裸露顶部的手法，以多种色调的顶部管线呈现浓浓的设计感，边墙为预制混凝土素色墙板，立柱采用锈色钢板包边，简约质朴的裸装风格，让乘客一进站就能感受到建筑线条的原始美和后工业化时代的沧桑感。

对建筑线条感情有独钟的摄影师不妨来这里取景，因为随手一拍都是“大片感”。这么有设计感的学林路站，“最受公众欢迎奖”必然是榜上有名。

41 你见过剪纸艺术风格的地铁站吗

剪纸艺术是我国最古老的民间艺术之一，作为一种镂空艺术，它能在视觉上给人以透空的感觉和艺术享受。剪纸将剪刀作笔，在纸上剪出窗花、门笺、墙花、顶棚花和灯花等。我们平时看到的剪纸艺术大多呈现在纸上，那大家有看到过剪纸艺术与室内设计结合的吗？

不知道哪来的“二月剪刀”，把 17 号线的漕盈路地铁站裁成了喜庆的剪纸，走进地铁站内，一股浓郁的中国风扑面而来。站厅层内，灰白纹样的地面铺装透着淡淡的古朴，淡黄色的柱子整齐排列，与天花板上的镂空装饰搭配和谐；展厅内壁一面醒目的红墙上，融入剪纸

剪纸艺术装饰墙的漕盈路站站厅层

艺术，展现了上海的水乡风光；旁边的墙壁则通过剪纸的图样进行雕刻，瓷砖的淡配以红墙的艳，使整个站厅洋溢着民间艺术风情。

中国的剪纸艺术，通过一把剪刀、一张纸，就可以表达生活中的各种喜怒哀乐。剪纸，作为一种原始艺术的载体，在造型上总是运用夸张变形的手法，它善于将不同空间、时间的物象进行组合，通过一种夸张和变形的手法来改变对象的性质、形式，进而改变自然原形的惯常标准。

再看我们的漕盈路地铁站，将这样的原始艺术融入其中，红墙淡瓦的室内设计，是不是给大家带来了焕然一新的感觉？

42 你见过露出“马甲线”的地铁站吗

如今，大家最喜欢秀的是“马甲线”。那什么是“马甲线”呢？“马甲线”就是指没有赘肉的腹部，腹直肌和腹外斜肌间形成的线条。还有人说，“马甲线”也是一种健康、积极的生活态度。那你们见过露出“马甲线”的地铁站吗？

一进入上海地铁18号线的御桥站站厅层，我们便可以看到在车站顶部，由综合支吊架支撑的管线裸露在外，整齐有序地排列在我们头顶上。再加上一些精心设计的小细节，一眼看去，既给人以秩序感，

18号线御桥站站厅层

又不失活泼。设计师们去繁就简，不再用过多的金属天花做装饰，而是让管线展现出应有的工业秩序美感。因此有人戏称，这样的设计手法就是让车站露出“马甲线”。

这样的无吊顶裸装，在上海地铁建设史上不是第一次，9 号线已开了先河。不过，将裸装辅以色彩和细节再加以艺术化，18 号线尚属首次。“管线不只实现单纯的功能，它们还成为装修的一部分，兼具装饰的效果。”虽然“马甲线”风格看似简单，但是要花的工夫却更多。工程师们需要事先在模拟空间内，将一根一根管线梳理整齐，施工时必须要有“强迫症”，容不得丝毫的偏差，才能呈现出如今展现在我们眼前的飒爽工业风。

极致可为最真，简单方为最美。删繁就简，返璞归真，御桥站这样独特的设计，也别有一番风味。

43 你知道上海哪个地铁站藏着“璀璨星河”吗

2008年，神舟七号一飞冲天，中国航天员首次实现“太空漫步”，全国人民欢呼雀跃；13年后的2021年，神舟十二号再启程，中国航天员首次进入自己的空间站，更让国人振奋。相信很多人小时候都有着成为宇航员的梦想，憧憬着登上飞船，冲向宇宙，探索星河的奥秘。那大家知道上海的哪个地铁站里藏着“璀璨星河”吗？

位于上海地铁12号线上的国际客运中心站是很特别的一站，它的顶部由LED光电技术全覆盖，深蓝色的“天幕”上缀以繁星点点，营造了一片璀璨的星空，弧形吊顶上更有原位复刻的十二星座图。在西

12号线国际客运中心站的LED“天幕”

方占星学上，黄道十二星座是宇宙方位的代名词，这十二个星座依次为白羊座、金牛座、双子座、巨蟹座、狮子座、处女座、天秤座、天蝎座、射手座、摩羯座、水瓶座和双鱼座。如果路过国际客运中心站，大家不妨停下脚步来找找自己的星座吧！

弧形吊顶除了向人们展示十二星座的标志，时不时还会有“流星”滑过，星座图案从点连成线，还会不断变化，美不胜收。这里不仅在 2017 年被评为“最美地铁站”，更是吸引了无数人来这里拍照打卡。大家有机会可以来上海地铁国际客运中心站，感受一下何谓“星河璀璨”。

“天幕”上的星座图案

44 你知道“购物达人”最爱的地铁站有哪些吗

新中国成立以来，人民跟随着中国共产党一步步从贫苦走向繁荣。现如今，中国已经逐步向“富起来”“强起来”的目标前进，人民群众的物质文化生活水平得到了很大的提高。与此同时，我们的消费能力也在升级，在线上与线下“买买买”已经成了日常生活中必不可少的一部分。我们身边一定都有不少“购物达人”，那大家知道他们最爱的地铁站都有哪些吗？

要知道，地铁站点对商家来说是黄金市口，尤其是换乘站，已成为商家的必争之地，因为这些站点往往人流量较大。因此，在换乘站上盖城市综合体，将休闲、购物一网打尽已成趋势，尤其是像上海这种大城市，“地铁站＋购物中心”模式更是发展得如火如荼。

下面我们就来为大家罗列几个“购物达人”最爱的地铁站吧！陕西南路站，周边有百盛、环贸 iapm、巴黎春天等；中山公园站，周边有凯

陕西南路站环贸 iapm 商场

人民广场地铁站周边新世界城、第一百货等商业大厦

南京西路地铁站周边商业建筑

德广场、龙之梦等；金沙江路站，周边有环球港等；人民广场站，周边有新世界城、来福士广场、百联世茂等；陆家嘴站，周边有正大广场、国金中心、迪士尼专卖店等；南京西路站，周边有恒隆广场、中信泰富等；徐家汇站，周边有港汇恒隆广场、太平洋百货、美罗城等；五角场站，周边有万达广场、百联又一城、大西洋百货等；世纪大道站，周边有世纪大都会、八佰伴、九六广场、华润时代广场等。上海地铁系统将大大小小、成百上千个购物中心串联起来，将上海打造成了“购物天堂”。

通过上面的介绍，大家一定都知道哪些地铁站是方便我们购物的“黄金站”了吧。那不妨在空闲的节假日，和家人一起来一场特殊的地铁“血拼”之旅吧！

45 你知道最具有江南水乡魅力的地铁站是哪一站吗

“人人尽说江南好，游人只合江南老。春水碧于天，画船听雨眠。”唐代诗人韦庄的这首《菩萨蛮》想必大家在小学就已经读过。上海位处江南，有许多繁华的水乡古镇，历史悠久，人文资源丰富，文化遗迹充盈，具有较深厚的文化底蕴。那大家知道最具有江南水乡魅力的地铁站是哪一站吗？

在2017年年底，上海地铁17号线通车，自此前往上海最著名的古镇朱家角旅游对上海市民来说变得方便了不少。朱家角地铁站位于朱家角镇的南侧，站内天花板上以极具建筑特色的木质材料进行装饰，呈现出浓浓的现代江南水乡韵味。

朱家角站是一个高架地铁站，虽然远离人口密集区，但是周围基础设施建设都很优秀。其周围都是比较新兴的城市化地区，道路的建设也较新，再加上周边的立交桥与高架道路，从景观上来看，这个地

17号线朱家角站站内实景

古色古香的朱家角站

朱家角风光

区是上海郊区快速城市化的一个典型代表。

朱家角因古镇旅游而广为人知，但通了地铁之后才发现，其实它早已化身新城，有着很多现代化的生活方式，与上海其他郊区的城市化地区区别不大。

近年来，朱家角镇正在默默地变化，作为一个水乡特色鲜明的地区，朱家角镇在进行快速城镇化的同时，保留了自身水乡生态的特点，可谓既打造了“金山银山”又留住了“绿水青山”。大家有机会一定要去朱家角镇看看，感受一下当地的水乡景致、特色小食，以及既现代又复古的朱家角地铁站吧！

46 你知道上海哪一座地铁站可以看见“海上皇冠”吗

上海东方体育中心坐落于美丽的黄浦江畔，由于其外形酷似皇冠，因此也被上海市民亲切地称为“海上皇冠”。东方体育中心虽然听上去只是个体育场馆，但其实它还向文化产业方向有所拓展，许多顶级体育赛事与顶级文娱演出都在这里举办。如果我们想要搭乘地铁来这里观看演出，就必然会经过与之相连的东方体育中心地铁站。

东方体育中心站位于上海市浦东新区耀体路杨思西路，上海东方体育中心的东侧是上海地铁 6 号线、8 号线和 11 号线的换乘站，也是 6 号线的终点站。该站处于东方体育中心宏伟的建筑群中，与海上皇冠、

东方体育中心

月亮湾遥相辉映，甚是壮观。其内部也以“水之蓝”为主调色，犹如身处电影院中。

东方体育中心占地面积为 34.75 公顷。其中的体育馆、游泳馆和室外跳水池，分别有着“海上皇冠”“玉兰桥”和“月亮湾”的美名。2011 年，东方体育中心开始向市民开放，开放项目有游泳、网球、篮球、足球、乒乓球、羽毛球、台球和健身房运动等。东方体育中心坚持社会公益性，不断举办国内外顶级赛事，最大限度地向市民开放，着力为提升上海城市国际影响力和市民健康发挥积极作用。近年来，全民健身的风潮越来越盛，大家不妨乘坐地铁来东方体育中心看看，一起感受运动带来的快乐吧！

东方体育中心地铁站

47 你见过像微电影场景一般温馨的地铁站吗

微电影是指专门在各种新媒体平台上播放的、适合在移动状态和短时休闲状态下观看的、具有完整故事情节的短片，其内容往往融合幽默搞怪、时尚潮流、公益教育等主题。有不少微电影通过演绎一个励志的故事给观影者带来温暖，那你见过有地铁站如那些微电影那么给人温馨之感吗?

华鹏路站是上海地铁 13 号线上的一个地铁站，位于上海市浦东新区成山路华鹏路口。可能大多数人只对华鹏路站以上海世博会法国馆为背景的“大字壁”有印象，但其实在这个地铁站靠近出站口的墙

华鹏路站廊道墙壁上的照片

壁上，还设置了一个温馨的微电影长廊。长廊的墙上挂满了一张张温馨的照片，向来来往往的路人们展示着平凡生活的点点滴滴：有其乐融融的“全家福”，有辛勤值岗的军人战士，有回顾历史的黑白照片，还有摄影师们随手拍下的城市一角。这些有时会被我们忽略的小幸福、小感动在这面墙上滚动播放着，提醒着人们去发现属于自己的“小确幸”。

白色相框记录着日常，一点点拼凑出我们生活的画面，就好似电影中几经调色的场景一般，将平凡的点滴娓娓道来。华鹏路站里藏着这样的美景，相信还有更多的地铁站也是如此，而我们每天都忙着匆匆赶路，却错过了它们。有时间的话，不妨放慢脚步，一起当个有心人，留意一下地铁站里的风景吧！

48 你知道上海哪一条线路被称为“换乘之王”吗

经常搭乘地铁的我们，一定都经历过不同线路的换乘。尽管目前上海已经开通了20条地铁线路，密度位列全国第一，不过在出行时还是很少有只需要一条地铁就可直达目的地的情况，因此换乘站点的设置非常重要。那么大家知道上海哪一条线路上的换乘站点最多吗？

2015年年底全线通车的上海地铁12号线，可与1、2、3、4、6、7、8、9、10、11、13号线等11条运营中的轨道交通线路相交换乘，全线有13个换乘站点，属全网最多，是当之无愧的“换乘之王”。

这13个换乘站有：漕宝路站（换乘1号线）、龙漕路站（换乘3

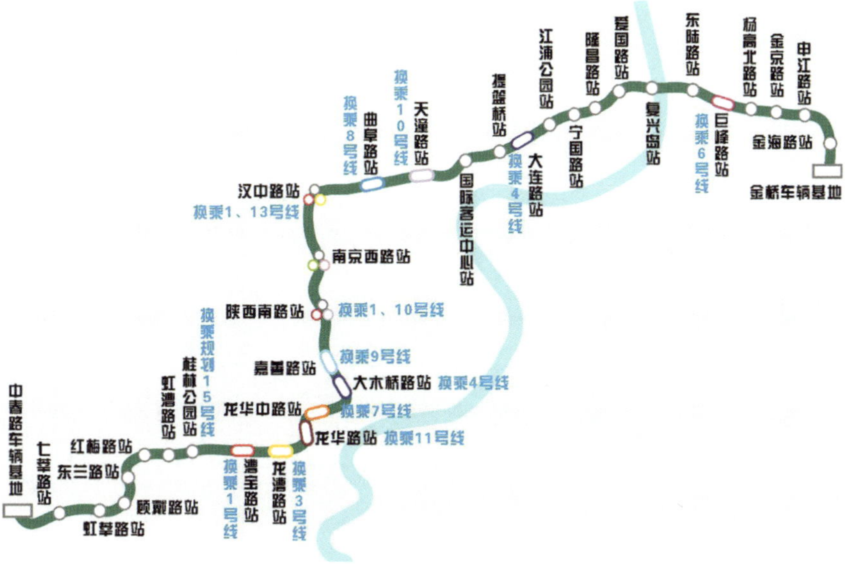

上海地铁12号线示意图

号线）、龙华站（出站换乘 11 号线）、龙华中路站（换乘 7 号线）、大木桥路站（换乘 4 号线）、嘉善路站（换乘 9 号线）、陕西南路站（换乘 1 号线、10 号线）、南京西路站（出站换乘 2 号线、13 号线）、汉中路站（换乘 1 号线、13 号线）、曲阜路站（换乘 8 号线）、天潼路站（换乘 10 号线）、大连路站（换乘 4 号线）、巨峰路站（换乘 6 号线）。

由此看来，12 号线上的换乘站点极为丰富，它能成为“换乘之王”，可以说是实至名归了。

49 你见过藏着“文化长廊”的地铁站吗

谈及地铁，大家的第一反应往往都认为这只是一种交通工具。不过在“魔都”上海，地铁作为最常见且基础的交通工具，它不仅仅搭载着人们从出发地到目的地，还是历史的见证者。在上海的众多地铁站中，有一个地铁站显得别具一格，它如同一个博物馆一般，给乘客们展示着我国的历史，那就是徐家汇站。

徐家汇站的上海地铁文化艺术长廊就是这样一个特殊的地方：作为一个地铁站，它更像是一个博物馆，玻璃柜内的展示物向来来往往

徐家汇站上海地铁文化艺术长廊

徐家汇站策展“徐绘百年前行路”

的人们展示着历史的厚重。

除了展示历史物件外，徐家汇站还会定期开展爱国主义宣传教育展，像上海电影博物馆的“移动博物馆”项目——“光影 70 • 电影万岁”爱国系列电影也曾亮相于此。除此之外，上海地铁文化长廊还曾经举办过宋庆龄女士的展览，以及伟大的人民科学家钱学森航天主题展览。

由此可见上海地铁文化长廊与科技文化历史的紧密结合。在每个不同的时间节点，徐家汇站的上海地铁文化艺术长廊都会顺应时势，紧跟潮流，积极与各大博物馆及文化中心进行相关合作，让行色匆匆的人们能在这座繁华闹市中平凡的地铁站里感受到文化的魅力与艺术的气息。

50 上海地铁的设计为什么越来越“个性十足”了

有人曾说，要想彻底了解一个城市，就必须亲自感受它的地铁。因为，一个城市的地铁站往往凝聚着这座城市的特色，代表城市的格调。由于在现代城市中，地铁承担的角色越来越重要，因此地铁线路与站点越建越多。数量如此庞大的地铁站要是全都光秃秃的，长得一模一样那多无趣呀！因此，设计师们就打起了地铁站的主意，让地铁站扮演起城市文化宣传大使的角色。

从 1863 年地铁诞生起，它就成了各国设计师们的一座艺术舞台，他们充分发挥奇思妙想，让原本枯燥的出行变得生动有趣起来。在巴黎和莫斯科等大都市的地铁站，你可以免费欣赏一件件赏心悦目的“艺术品”；那不勒斯或圣彼得堡的地铁站，会让你感觉仿佛穿越时空，回到了过去。这些地铁站或抽象或华丽，或新颖或古怪，犹如一颗颗地下的宝石。

上海地铁也不例外，从起初的线路设计风格趋向统一，到如今的设计上融入了很多地标特色，车站装饰也颇有巧思。如今上海的地铁站

罗山路—康新公路区段站台设计

南京西路站的“摩登俪影”

汉中路站换乘大厅变身为“地下森林”

汉中路站的抽象壁画

江宁路站的山水浮雕壁画《江山宁和》

越来越多，也越来越“个性十足”。

2015 年年底，上海地铁 11 号线罗山路－康新公路区段、12 号线七莘路—曲阜路区段、13 号线长寿路—世博大道区段顺利通过专家评审，正式载客运营。上海申通地铁股份有限公司选择了三条线上的 13 座重点车站进行了空间环境艺术整体设计，其中有 10 个车站结合环境进行了雕塑、浅浮雕、涂鸦、实物展示、艺术装置、多媒体等多种形式的公共文化艺术创作，形成了极具艺术效果的公共空间，增强了车站的艺术氛围，提高了车站的环境品质。

51 你听过地铁站里的站名墙“讲故事”吗

“我们坐在高高的谷堆旁边，听妈妈讲那过去的事情……”这是一首大家耳熟能详、能朗朗上口的儿歌。小的时候，相信我们中的很多人，常常会缠着爸爸妈妈讲故事，听他们讲述从前的日子，感受他们过去的生活。那大家听过地铁站里的站名墙讲故事吗？今天就让我们就进入上海地铁 18 号线的御桥站，听听站名墙讲的故事。

在御桥站的站厅层，有一面别致的站名墙，它采用浮雕工艺，由工匠们精心建造而成。墙上刻有一座看似简单的石桥，但它的背后其实藏着一个故事：相传当年乾隆皇帝离京南下，到上海后，想探望顾国师（皇帝的御前教师）。国师闻讯，即北上迎驾，于咸塘浜和小腰泾

18 号线御桥站站名墙

汇合处，与乾隆皇帝相会。后人为了表示纪念，将相会处的石头桥命名为“御界桥”。该桥原为由 9 块石板组成的普通石桥，这便是站名墙上桥的原型。

在御桥站，站名墙不单单作为交通引导标志，也承载了很多历史感。设计师们通过查阅资料、走访当地，挖掘每一个地区独特的历史文化，从大量的信息中提取出有价值的元素，融入站名墙之中。

建筑是凝固的历史，承载着历史的变迁，地铁站也是如此。可能行色匆匆的你未曾留意，但是设计师们常常会把时光镶嵌在地铁站的各个细节、各个角落里，等你放慢脚步时，就可以细细品味每个角落里隐藏的故事了。

52 你知道上海的“智慧车站”都有什么本领吗

上海地铁正在推进智慧化建设，目前已建成汉中路、惠南、顾村公园、新江湾城和诸光路等各有侧重特色的智慧车站。

惠南站除了可以智能控制车站各个设备的开关和精准预测客流外，还配备有一套在建筑设计行业十分流行的建筑信息模型（BIM）系统。该系统将地铁站中的大到站台、小到一个摄像头，都十分直观地还原

新江湾城站内的智慧实施数据显示屏

在电脑中，每个设备的实时运作状态也会在 BIM 中显示。

汉中路站引进了一套客流热力图系统，根据高清摄像头拍摄到的客流情况，车控室内的电脑屏幕上会显示站内各个位置的实时客流密集度。当某个区域显示为红色时，则代表此处客流量较大，很可能需要工作人员进行现场协调。

在顾村公园、新江湾城和诸光路等站，上海地铁也根据各个站不同的特色推出了不同的功能。新江湾城站的智能客服机器人“小豹”受到不少乘客的喜爱；靠近国家会展中心的诸光路站将车站管理和公安、消防融合，为中国国际进口博览会顺利召开保驾护航；顾村公园站的智慧系统可以根据顾村公园的游客情况，精准识别游客乘坐地铁的需求，从而实时调整站内运营预案。

尽管功能不同，但上海智慧车站的特点都是润物无声地提升着乘客的出行体验，这正是人工智能对生活潜移默化的影响。到 2040 年，上海地铁运营里程计划达到 1 000 km，更多意想不到的“黑科技”也定会在未来为人们提供更便利的出行体验。

53 你知道“吃货”最爱的地铁站是哪一个吗

上海除了是中国的经济金融中心，同时也是一个美食之都，拥有各种让人眼花缭乱的特色美食。且不说各地汇聚的美食多不胜数，光是我们自己的本地小吃，也已经足够让吃货们狂欢了。

那你知道来上海旅游，哪些美食一定要打卡吗?

我们可以在 2 号线南京东路站下车，去大壶春吃一顿上海最便宜的米其林，生煎包子与粉丝汤绝配；在 9 号线打浦桥站下车，去 35 年老店阿大葱油饼尝一尝，这是排队两小时才能吃到的老上海味道；在 8 号线大世界站下车，去云南南路上的小绍兴吃一顿“上海网红”小绍兴白斩鸡；在 13 号线淮海中路站下车，去雁荡路的鲜得来排骨年糕，他家的排骨外酥里嫩，年糕 Q 弹软糯，这都是上海人记忆中的味道。此外，2 号线人民广场站鼎鼎大名的国际饭店蝴蝶酥，甜而不腻，一口下去心都酥透了，真是老店才能做出的味道；还有五芳斋的鲜肉粽子、光明邨的鲜肉月饼、小金陵的盐水鸭、沈大成的蛋黄青团、城隍庙的五香豆、南翔的小笼包、崇明糕以及高桥松饼等，每一款都能让你毕生难忘。

上海地铁和上海美食等待着慕名而来的国内外顾客，哼着小曲儿，念着上海人眼中的地铁报站，一起来发现更多美食吧。“虹口足球场：虹口糕团、万寿斋小笼包站到了；徐家汇站：牡丹虾、金枪鱼、三文鱼刺青站到了；打浦桥：上海老冰棍、上海豆花站到了；松江大学站：烤冷面、冷锅串串、麻辣烫站到了；龙柏新村：烤肉、韩式炒年糕站到了；长寿路：囊饼烤包子、新疆烤羊肉串站到了；陕西南路：鲜肉月饼、排骨年糕站到了；人民广场：想吃什么吃什么站到了。

参考文献

[1] 贾宁，常晓月，陈璐，等. 地铁，行走的城市脉络——地铁与城市形象传播策略研究 [J]. 广告大观 (综合版)，2012(12)：101–127.

[2] 秦芳. 城市地铁文化的魅力——以上海地铁文化为例 [J]. 大众文艺，2018(24)：97.

[3] 迟奕晗，王心旭. 新媒体介入地铁公共艺术的应用研究——以上海地铁公共艺术为例 [J]. 戏剧之家，2019(25)：132–133.

[4] 张馨尹，张雷，张立东，等. 上海城市轨道交通引领“十四五”智慧发展 [J]. 华东科技，2021(1)：66–69.

[5] 李秋伊. 书法字体在地铁车站空间艺术设计中的应用研究 [D]. 西安：西安建筑科技大学，2021

[6] 金琳. 上海地铁打造“可阅读、有温度、有情怀”的文化之旅——访上海申通地铁集团有限公司党委书记、董事长俞光耀 [J]. 上海国资，2021（245）：19–21.

[7] 周乐敏，陈逸飞，陈思佳，等. 上海市地铁文化建设调研报告 [J]. 美与时代 (城市版)，2018(11)：113–114.

[8] 上海申通地铁. 上海地铁博物馆连接城轨与大众生活 [J]. 城市轨道交通，2018(5)：7–11.

[9] 上海地铁. 上海地铁：让乘客每次出行都是一次文化之旅 [J]. 城市轨道交通，2017(7)：40–41.

[10] 刘朝晖.“第二空间”的文化魅力 [J]. 新民周刊，2016(4)：26–31.

[11] 徐婷. 论上海地铁公共文化的发展 [J]. 上海工艺美术，2015(2)：93–95.

[12] 贾云平. 城市地铁文化建设研究 [J]. 城市观察，2012(5)：32–41，67.

[13] 看 ~ 人民广场站中央展台被向日葵花海包围了！喜迎建党百年 上海地铁氛围浓 [EB/OL]. [2021–06–04]. https://www.163.com/dy/article/GBEM4TTI0514BTST.html.

[14] 红色文化进地铁 1、2、4 号线“百年号”红色主题列车启动 [EB/OL].[2021–06–13]. http://newsxmwb.xinmin.cn/chengsh/2021/06/09/31971797.html.

[15] 色彩明亮夜景迷人 上海地铁迪士尼站透着中国风 [EB/OL]. [2021–12–04]. https://www.sohu.com/a/74724003_115052.

[16] 全上海最漂亮的地铁站 /Wutopia Lab Mills[EB/OL]. [2022–01–19]. https://zhuanlan.zhihu.com/p/349205767.

[17] 上海地铁淮海路逆作法工程的技术与管理对策 [EB/OL]. [2021-09-16]. https://www.doc88.com/p-5420393370.html?r=1.

[18] 地铁停车场加“盖子”建商业综合体上海万象城今天开幕 [EB/OL]. [2021–09–18]. http://newsxmwb.xinmin.cn/chengsh/2017/09/23/31301897.html.

[19] 里程世界第一的上海地铁将迎两名新成员进展一览 [EB/OL]. [2021–09–18]. http://sh.sina.com.cn/news/m/2017-12-14/detail-ifypsqiz6459971.shtml.

[20] 上海地铁 17 号线诸光路站荣获 LEED 银级认证 [EB/OL]. [2021–11–03]. https://k.sina.com.cn/article_1814975931_p6c2e55bb02700b9fs.html.

[21] 18 号线一期南段“站名墙”上有故事，你 get 了吗？[EB/OL]. [2021–11–03]. https://www.sohu.com/a/441111689_391452.

[22] 上海轨交 10 号线壁画、名人手迹“精装修”迎世博 [EB/OL]. [2021–10–15]. https://www.chinanews.com.cn/expo/news/2010/04-09/2217037.shtml.

[23] 地下铁有 " 风景 " 带你逛上海这些高颜值的轨交站 [EB/OL]. [2021–10–15]. http://www.taiwan.cn/local/xinwentupian/201604/t20160427_11444852_5.htm.

[24] 世界上最长的地铁，国内唯一跨省地铁线路，全长 82.4 千米共 38 站 [EB/OL]. [2021–10–16]. https://www.163.com/dy/article/EKI6B8BI0519M9RA.html.

[25] 上海 18 条地铁的颜色都有什么特殊意义呢？[EB/OL]. [2021–10–16]. https://www.sohu.com/a/12239677_115968.

[26] 上海莘庄地铁站正在打造“空中之城”，三期工程计划 2024 年竣工！[EB/OL]. [2021–11–23]. https://www.shxwcb.com/274023.html.

[27] 上海地铁的绿色低碳之路 [EB/OL]. [2021–11–23]. https://new.qq.com/omn/20210624/20210624A09NTL00.html.

[28] 地下铁有“风景”带你逛上海这些高颜值的轨交站 [EB/OL]. [2021–11–25]. https://news.online.sh.cn/news/gb/content/2016-04/27/content_7830793_5.htm.

[29] 最美的地铁站户外广告，谁敢说没有广告效果（有图有真相）！[EB/OL]. [2021–12–04]. https://www.sohu.com/a/454480839_825610.

[30] 上海地铁“换乘王”12 号线即将全线通车，可与 11 条线换乘 [EB/OL]. [2021–12–06]. https://www.thepaper.cn/newsDetail_forward_1403953.

[31] 上海：徐家汇地铁站的艺术长廊“换新颜”[EB/OL]. [2022–03–17]. http://www.wenming.cn/dfcz/sh/202005/t20200519_5582526.shtml.

[32] 上海已有 5 座智慧地铁站，这些“黑科技”你留意了吗？[EB/OL]. [2022–03–18]. https://www.163.com/dy/article/FH4F98KI0534A4SC.html.